アベノミクスとTPPが創る日本

内閣官房参与・イェール大学名誉教授
浜田宏一

講談社

●まえがき――「論より証拠」のアベノミクス

「論より証拠」――。

この言葉ほど、アベノミクスの成果をよく表す言葉はないでしょう。

アベノミクスとは、二〇一二年に発足《ほっそく》した第二次安倍晋三《あべしんぞう》内閣の経済政策に付けられた呼称ですが、海外のメディアでも使用されるなど、高い認知度と広がりを獲得しています。

第二次安倍政権が発足すると……いや、その前から、衆院選で与党に返り咲くことが決定的だった自民党の総裁に安倍氏が就任すると、それまで十数年続いてきたデフレと円高に回復傾向が生まれました。株価が上昇し、円安が進んだのです。

それまでは円高デフレ不況の苦しみや、そのなかでいかにして生き抜いていくかを好んで取り上げていたメディアも、一転して買うべき株の銘柄など、投資に関する記事を掲載するようになったのが印象的です。

二〇一三年八月に内閣府が公表した「国民生活に関する世論調査」によると、現在の生活に「満足している」「まあ満足している」と答えた人は七一・〇パーセント。前年比で三・七ポイント増えています。七割台となったのは、実に一八年ぶりだそうです。

さらに内訳を見てみると、「資産・貯蓄」の項目に関しては「満足」「まあ満足」の合計が前年比五・一ポイント増の四二・五パーセント。「所得・収入」の項目においても、四七・九パーセントで三・七ポイント増加しています。

また、「住生活」「レジャー・余暇生活」「食生活」「自己啓発・能力向上」の四項目では、「満足」「まあ満足」の合計が過去最高を記録しました。一方で、政府に対する要望では、「景気対策」が五九・六パーセントで、前年比六・九ポイント減。「雇用・労働問題への対応」も五・〇ポイント減って、四二・三パーセントになっています。

これらは経済情勢の好転が影響している、というのが内閣府の分析です。つまりアベノミクスは、日々の生活を「満足」ないしは「まあ満足」だと感じられる人々を増やし、政府に対する景気や雇用に関する不満を減少させたことになります。

アベノミクスにおいて、三本の矢として掲げられているのが、以下の三つの政策です。

第一の矢……大胆な金融政策
第二の矢……機動的な財政政策
第三の矢……民間投資を喚起する成長戦略

それぞれの項目については本文中でも詳しく解説していますが、その前提として知っておいていただきたいのが、アベノミクスのベースとなる考え方は、経済学の世界では「リフレ」と呼ばれるものだということです。私もその「リフレ派」学者の一人とされています。

アベノミクス第一の矢である「大胆な金融政策」とは、金融緩和を意味します。これは中央銀行が市場にお金を供給する量を増やすことによって、デフレから脱しようというもの。リーマン・ショックによる不況を受けてアメリカもイギリスも同じことをやりました。そして、その後、ドルの供給量は約三倍に、ポンドの供給量は約三・五倍に増えたのですが、日本の円は約三〇パーセント増えただけ……これでは円高になり輸出企業が苦しんだのも当たり前のことです。

当時、日本銀行は頑《かたく》なに「金融政策は効かない」と、その効果を否定しました。日本では、この、世界の経済学の常識に反する「日銀流理論」が常識のように語られ、われわれリフレ派は多勢《たぜい》に無勢《ぶぜい》、何度となく無力感を味わったのです。

そんな状況が、アベノミクスによって一変しました。

実は私と安倍総理は一〇年余り前、私が小泉純一郎《こいずみじゅんいちろう》内閣の経済財政諮問会議に、内閣府経済社会総合研究所の所長として陪席《ばいせき》したときからの知り合いです。当時、内閣官房副長官を務めていた安倍総理は、私の意見をよく理解してくれました。

また、お父上である故・安倍晋太郎《あべしんたろう》外相のイニシアチブを記念する国際交流基金日米センターの研究奨学金プログラム「安倍フェローシップ」の一員に選ばれ、経済政策の決定過程の研究をさせてもらったこともあります。

そんな縁もあり、衆議院議員選挙を前に、安倍氏から国際電話で日銀の政策に関する質問がありました。私は直接のお電話に恐縮しながらも、「安倍先生の政見は、まったくもって正しいのです。自信を持って進んでください」と答えました。

第二次安倍内閣で、私は内閣官房参与を務めることになりました。安倍総理に経済や金融に関する様々な意見を申し上げ、総理がそれを取捨選択し、政策の参考にされる。そんな関わり方をしてきた私が見たアベノミクスの実相、それを解説したのが、この本の前半部分になります。

後半部分は、ノーベル経済学賞の候補者といわれ、「貿易論のキング」とも呼ばれるジャグディシュ・バグワティ氏（コロンビア大学教授）とTPP（環太平洋パートナーシップ協定）について討論した内容をもとにまとめたTPPの解説です。

アベノミクスの第三の矢が有効に働くためには、TPPへの参加が必要になります。貿易の自由化を推し進めて、農業部門を含む日本の産業全体の効率化を実現しなくてはなりません。

ニューヨークの外交問題評議会の建物の前でバグワティ氏と

私の専門は国際経済学。国際金融だけでなく、国際貿易についても、講義をしたり、研究論文も書いてきました。ジュネーブでWTO（世界貿易機関）事務総長の諮問委員になったこともあります。よって、私一人でもTPPの仕組みや国民経済への影響を説明することはできます。

しかし、そう考えたところで、経済学界で自由貿易の守り神の役割を果たし、WTOの中心人物でもある、バグワティ氏の顔が浮かんできました。

バグワティ氏は私の親しい友人でもあり、学問では兄貴分（「メンター」という）に当たります。一人で文献を片手に書くよりも、TPPに対しては適度な批判精神を持つバグワティ氏と相談しながら書くのはどうか――それが実現すれば、TPPに関する日本人の理解が深化するのではないか、そう考え、ニューヨークに氏を訪ねてインタビューを行うことにしました。

思えば、東京大学で助教授になりたてのころ、アメリカ学術振興会（ACLS）のフェローとしてMIT（マサチューセッツ工科大学）に滞在したときのホスト教官がバグワティ氏でした。それ以来、四〇年間、氏は私の師匠、あるいは共同研究者、そして学問の道案内人を務めてくれました。まさに「メンター」と呼ぶにふさわしい友です。

つまり、本書の第二部ができあがったのは、講談社の編集者、間渕隆さんに、「バグワティという面白い国際経済学の権威がいるので、会ってみませんか」と誘ったことがきっかけでした。

久しぶりに再会してみると、「TPPには批判的なことも書いたが、日本が交渉に参加するなら、どう交渉したらよいかを教えてあげる」といい、流れるように論点を整理してくれました。

私は、農業などを過保護にしている現在の日本では、TPPによる貿易促進効果が必要だと考えますので、TPPに参加することを前提に、しかしその際どういう点に注意したらよいか――それをバグワティ氏に指摘してもらうという形をとりました。その結果が本書の第二部となります。

原則として関税を撤廃するというTPPには、「農業が崩壊するのではないか」「汚染された食物が輸入されてくる可能性がある」といった批判もありますが、実際はどうなのか。インドに生まれ、イギリスのケンブリッジ大学を首席で卒業し、その後アメリカで学び、国連のグローバリゼーション問題に関する特命顧問などを歴任したバグワティ氏の立場から見れば、TPPの実態もより鮮明に浮かび上がってくるはずです。

二〇一三年夏からTPPへの参加交渉に入った日本ですが、本書でご紹介する二〇の論点は、TPPが本格的に始動したあとも、常に、日本経済で重要になるポイントです。ぜひ、ご参考にしてください。

アベノミクスによって日本はどう変わり、これからどうなるのか。ＴＰＰが日本にもたらすものは何か。二〇一五年の日本経済はどうなるのか。
——本書から、日本の明るい未来を感じ取っていただけたら幸いです。

浜田《はまだ》宏一《こういち》

目次◉アベノミクスとＴＰＰが創る日本

第一部 アベノミクスが創る日本を知る

第二部

ＴＰＰが創る日本を知る

アベノミクスとＴＰＰが創る日本

第一部

アベノミクスが創る
日本を知る

Q クエスチョン
1

なぜ日本経済には金融緩和が必要なのか？

アベノミクス第一の矢の基本となる金融緩和によって株価は上昇し、円安が進んだ。なぜ、デフレ対策には金融緩和が必要だったのだろうか。

アベノミクスは世界的な経済学の常識

アベノミクスによる金融緩和によって、市場が活気を取り戻したのは当然のことといえます。いわば「水は高いところから低いところに流れる」といった普遍の法則ともいえるもの。これは世界的な経済学の常識でもあります。

この一五年、デフレで悩んできたのは世界でも日本だけ。似たような状況はスイスでもありましたが、デフレや通貨高がこれだけ続いた国は日本しかありません。

その理由の一つが、市場に出回る通貨、円の量が少ないことでした。円が供給されないことで消費活動が低下し、デフレになって物価が下がる。当然、企業は儲かりませんから給料も下がってしまいますし、失業も増える。そんな悪循環に陥っていたのです。

その有効な対策が、金融緩和で景気を刺激することです。

日銀が金融機関から国債や手形を買い取り、市場への資金の供給量を増やすなどの政策で、企業がお金を借りやすくなる。すると、設備投資も活発になります。こうして景気が刺激され、使えるお金が増えれば、消費活動も活発になります。

一九六〇年代以降、日本経済の高度成長時代は、デフレだったことはありません。三〜

四パーセントの緩やかなインフレをともなっていました。先進国で形成するＯＥＣＤ（経済協力開発機構）の国々は、おおむねこのようなインフレ率を維持していますが、このあたりのマイルドなインフレが経済を活性化させるのです。アベノミクスは、このマイルドなインフレの状態に向けて順調に滑り出したといえます。

「日銀流理論」は世界の非常識

アベノミクスで、日銀が金融市場に出したお金が株式や不動産などへの投資へと向かい、その値上がりにつながっています。こうして資産価値が上がり、景気が良くなるかもしれないという期待が人々のなかに生まれ、それならばお金を使おうという気分が出ています。

金融緩和の結果としての円安によって輸出が増えるのには、少し時間がかかるでしょう。そのため、輸入品の値上がりによる負担のほうが先に来てしまいますが、間違いなく輸出は増えていきます。そうすれば、必ず賃金も上がります。

もちろん、輸入物価の上昇で困っている人がいるのも確かです。漁師さんなどは燃料が値上がりして苦労されています。しかしその一方で、長く円高に苦しんできた輸出産業は円安で輸出しやすくなり、活気を取り戻しています。

すべての人を喜ばせる政策というものはありません。だから円安のマイナス面を否定はしませんが、プラスになる人のほうが多く、日本全体としては絶対にプラスになります。

金融緩和による景気の刺激がなぜ、いままでできなかったのか——大きな原因は日銀の政策にあります。二〇〇八年のリーマン・ショックの際、アメリカやイギリスは「大盤振る舞い」ともいうべき貨幣の拡大を行い、金融政策で対処しました。しかし日本では、日銀が金融政策をそのままにして、貨幣の量を拡大しなかったのです。日本だけが緊縮金融政策をとったため、量の少ない円の価値が相対的に高まり、円高になってしまいました。

デフレに対して後手後手に回っていた日銀の政策は、まったくもって不充分である、というのがアメリカでの共通認識でした。

この日銀の政策の背景には、「金融政策はデフレにもインフレにも効かない」という根強い考え方がありますが、これは世界の経済学の常識から見れば、明らかな誤りです。

安倍政権は、日銀の独立性を保障する日銀法の改正も視野に入れています。少なくとも、国民の意見が反映できるような制度、すなわち、選挙で選ばれた人たちが形成する政府と同じ目標を日銀が持つようにするための改正は、不可欠と考えられます。

2

なぜ日本銀行はデフレを放置したのか？

デフレを長いあいだ野放しにした日銀……二〇一二年二月一四日のインフレ・ゴール宣言も不充分なものだった。なぜ日銀は、かたくなに金融緩和を否定し続けてきたのだろうか。

デフレの「戦犯」は日銀

先述したように、十数年間のデフレを導いた「戦犯」は、日銀だといえるでしょう。金融政策が経済に「効く」という世界の常識を、日銀は無視し続けてきたのです。

畏友《いゆう》、早稲田大学教授の若田部昌澄《わかたべまさずみ》氏は、「日銀流理論」を「一連の限定句」「できない集」だと評しています。「原則として日銀は民間の資金需要に対して資金を供給しているので物価の決定についても限定的であり、とりうる政策手段も限定的であり、政府との協調関係も限定的であるべき」と制限したり、できない理由ばかりを考えてきたわけです。

しかし、二〇一二年二月一四日に日銀が打ち出したインフレ・ゴール宣言は、株価や為替レートに大きな影響を与えました。インフレ・ゴールと買いオペレーション（中央銀行が市場から有価証券を買い入れ、通貨を放出すること。市場にある通貨が増加するため金融を緩和し、金利を引き下げる効果がある）に対する積極的姿勢を表明することが、株価と為替レートに対して明確な成果を挙げたのです。市場の反応が何よりの証拠でした。

ただ、一パーセントというインフレ目標（日銀の言葉を使うなら「目途《めど》」）では不充分に感じましたし、何より日銀自体が、その時点でもなお、金融緩和に対して半信半疑、いや否定的なスタンスを取っているようにも見えました。

当時の白川方明《しらかわまさあき》総裁は、国内での講演や談話、ＦＲＢ（米連邦準備制度理事会）での講演で、「金融緩和を外国もやっているし、国内の批判も厳しいので、仕方なく宣言していますが、実はデフレ脱却には効かないのです」といった内容の発言をしています。

実際、先述した二月一四日の「バレンタインデー宣言」のあと約半年間、日銀政策審議委員会は、買い入れ資産の五兆円増額を除いては、金融緩和の具体的あるいは数量的な後押しを、なんら行いませんでした。金融緩和は予想や期待に働きかけて成果を得るものです。このときの日銀は、充分に期待できるだけの施策を行わなかったといえるでしょう。

なぜインフレ「目標」ではなく「目途」なのか

私や人々の批判に対して、日銀はこう反論したかったかもしれません。

「二〇一二年二月一四日、我々はついにインフレの『目途』を発表しました。買いオペの予備基金も拡充しました。それは、みなさんの批判に応えたためです。しかし半年以上経ってみても、円高は続き、デフレも直りませんでした。これは、みなさんの批判が間違っていたことを示しています」

一見もっともらしく聞こえますが、これこそ日銀が得意とする詭弁《きべん》です。日銀は、インフレ「目標」とはいわずに「目途」という曖昧《あいまい》な表現を使いました（英訳では「ゴール」でしたが）。これは、達成できなかったときの日銀総裁の責任をうやむやにするためでしょう。曖昧な表現では、国民が確実に信用することはできません。

また、デフレ円高防止の要《かなめ》が金融政策であるにもかかわらず、二〇一二年三月のマネー・サプライは、前年に東日本大震災のせいで拡張したことを口実にして、減少させています。これでは物価が上がるわけがありません。

「いろいろ試してもうまくいかない」——日銀はそういいたかったのかもしれませんが、実際には、金融緩和の規模が小さすぎ、信用に足るものではなかったのです。いわば及び腰、見せかけの金融緩和でした。

小泉純一郎政権時代、日銀の総裁となった福井俊彦《ふくいとしひこ》氏は、デフレ脱却を小泉総理と約束。しかし、就任から三年ほどは約束を守ったものの、二〇〇六年に少し景気が持ち直してくると、引き締めに転じました。まだ消費者物価指数はマイナスだったのにもかかわらず……。「日銀流理論」に凝り固まるあまり、変革をよしとしない、自分たちのやり方をどうしても変えることができない……それが日銀の大問題なのです。

Q クエスチョン
3

デフレのあいだ政治家は何をしていたのか？

日銀が日本経済をデフレに導く一方で、政治の世界では何が起きていたのか——安倍晋三氏が状況を変える前の政治家たちの姿とは？

菅総理の狂気「増税すれば経済は成長する」

日本をデフレに導き、放置した日銀。それを容認したのは、当然ながら政治家たちです。政治家、特に閣僚は、デフレという病気で苦しむ日本経済を治療する医者たるべき存在……しかし「ヤブ医者」が多かったのは確かです。

なぜ「ヤブ医者」なのかといえば、医者であるにもかかわらず、医学の基本を知らなかったからです。日銀が「患者に有効な薬を処方しない医者」なら、閣僚たちはそもそも医学を知らなかった……。

その代表的な例が、二〇一一年一月に発足した当時の新内閣（菅直人《かんなおと》総理）でした。官房副長官となった藤井裕久《ふじいひろひさ》氏は元大蔵官僚で、「円高は日本にとっていいことだ」と発言し続けてきた人物です。経済財政政策担当大臣の与謝野馨《よさのかおる》氏も「円高がいい」「デフレでいい」という持論の持ち主。円高デフレの際にも財政金融政策を使わなくていいという、世界の経済学の常識に真っ向から反する理解と政策を掲げてきました。

そして総理の菅直人氏は、「増税すれば経済は成長する」と、信じられないようなことを語っています。さらに官房長官の枝野幸男《えだのゆきお》氏は、「利上げすれば景気が回復する」という言葉を残しました。内閣の経済政策に関する理解と主張が、現代の常識にのっとらない、きちんとした「治療」とはかけ離れたものだったのです。

また、かつて私も務めた内閣府の経済社会総合研究所の所長には、優れた経済学者ではあっても、金融政策がまったく効かないという仮定でマクロモデルをつくった人物が就いていました。さらに、「社会保障と税の抜本改革調査会」の座長に就任した前官房長官の仙谷由人《せんごくよしと》氏は、「需給ギャップがあっても何もするな」と明言したことのある人物でした。

天動説を信じていた野田総理

そして、菅氏のあとを受けて総理となり消費税増税に突っ走った野田佳彦《のだよしひこ》氏は、「金融に訴えるのは世界の非常識」といっていましたが、これはまったく逆で、金融に訴えることが常識なのです。

野田氏は天動説を信じていたようなものです。

付け加えるなら、菅内閣時代の財務大臣も野田氏。二〇一一年八月二四日、菅内閣は「円高対応緊急パッケージ」を発表しています。その内容は、以下のようなものでした。

（一）政府は日本が豊富に持つ外貨準備を使い一〇〇〇億ドル（約七兆六〇〇〇億円）の

基金をつくり、円高で苦しむ企業に対して緊急に低利で融資する。

(二)この基金は、国際協力銀行を通じて融資され、日本企業が行う海外企業や資源の買収を容易にする。

(三)それと同時に、金融機関に外貨での資産残高を報告させる。

これは、まったく円高対策になっていません。金融政策なしの円高対策は、ハムレット劇をデンマークの王子なしで演ずるようなもの……円高の原因や、それに対応する政策手段について、大臣はもとより官僚も、国債金融論の初歩的な知識さえ持っていなかったのです。

そしてこの発表から数日後、「円高対応緊急パッケージ」をつくった大臣である野田氏が総理となり、後任の財務大臣には、経歴から見て財政とは無縁だった、いわば素人《しろうと》の安《あ》住《ずみ》淳《じゅん》氏が就任しました。これでは「いままでと同じく、今後も財務官僚の案をオウム返しに述べます」といっているようなものです。

政治家に経済の基本的な知識がなく、あったとしても日銀がそれを阻止しようとする。そういったことが、デフレをここまで長引かせてきたともいえます。そこに、金融緩和という正しい薬を持って登場したのが、安倍総理なのです。

Q クエスチョン
4

人口が減少したからデフレになったのか？

近年、人口減がデフレの「正体」だとする本がベストセラーとなり、日銀もそう訴えてきた。しかしそれは本当だったのか。日銀の本当の意図はどこにあったのだろうか。

自分の都合で経済学を書き換える日銀

金融政策は効かないということを主張するためか、日銀は「人口がデフレの要因である」ともいいたげでした。ただし、これは理論的にも実証的にも根拠のないものです。もちろん、人口は成長の要因にはなりますし、実質生産に人口あるいは生産年齢人口が影響するのは当たり前のことです。

しかし、貨幣的現象である物価あるいはデフレに人口の多寡《たか》が関係するというのは、経済の解剖学《かいぼうがく》である「国民所得会計」から見ても、生理学である「金融論」から見ても、まったく的外れだとしかいいようがありません。

二〇一二年五月に開催された国際会議「人口動態の変化とマクロ経済パフォーマンス」では、日銀は「できそこないの学生レポート」とでもいいたくなるような統計を世界の学者に討議させています。総裁挨拶では「人口動態とデフレというと、一瞬、その論理的な関係が理解しにくいかもしれませんが」といっていましたが、一瞬どころか何万年考えても意味をなさないもの。人口構成が潜在成長率やマクロ経済に関係があるのは当然ですが、現代の経済学では、デフレの原因とは決して結びつけることができないのですから。

つまり日銀は、自分の都合で経済学を書き換えてしまう名人だったのです。そして、こうしたまやかしの手法を使った日銀の正当化のために、国税を使って国際会議が開催されるというのは、到底、納得できるものではありません。

デフレの定義を知らないベストセラー

実際、日銀が国際会議等で示す研究成果も、レベルが低いものです。グラフに都合のいい数字が出てきて、あたかも関係があるかのように見える「見せかけの相関」を使うこともよくあります。また三三ヵ国のうちから都合のよい二四ヵ国だけを選ぶという、統計学上における一種のカンニングを行ったこともあります。

なぜ、このようなことをするのかといえば、「金融緩和を充分に行わない」という追及から逃れるためでしょう。デフレの原因は貨幣量ではなく、人口構成だということにしたいわけです。そうすれば責任が問われることもないわけですから。

また二〇一一年には、「デフレの原因は人口減少である」とする内容の経済書がベストセラーになりました。当時の菅総理が購入したことで話題になったようです。

しかしこの本はそもそも、「デフレ」という言葉の定義を経済学とは違う形で使っています。一般向けの医学書が、まちがった病気の名称を使っているようなものです。そのことからも、正しい経済学に則《のっと》った書物だとはいえません。経済学の率直な議論からすれば、人口減少はインフレの原因にはなってもデフレの原因にはなりえないのです。

人口構成だけでなく財政問題も、金融を拡張しない言い訳になりました。日銀は自分たちの責任である通貨管理のことを通り越して、財務省所管である日本の財政破綻を防ごうと努力している、だから安易に金融を緩和して財政出動を助けない、という言い訳です。日銀のこうした言い訳は、私の目には、庶民の生活をまったく考えていないものだと映りました。東京では、毎日のように電車が止まる。そのうちの多くが飛び込み自殺であり、またそれ以外の形でもおそろしく多くの人が自殺をしています。その一部は、明らかに経済的な要因……しかし、日銀政策委員会を傍聴した人によれば、日銀には、金融政策が、失業、倒産、さらには自殺という形で庶民の生活に密着しているという意識がない。

円高政策は弱い企業をいじめる政策です。また、経済の空洞化を推し進める政策であり、地方切り捨ての政策でもあります。空洞化の流れで企業が外国に工場を移転すれば、工場があった地方は疲弊《ひへい》してしまう。こうしたメカニズムを日銀は理解できないのでしょうか。

Q クエスチョン
5

金融政策が経済には効かないとされたのはなぜか？

アベノミクスの大胆な金融緩和で復活の兆《きざ》しを見せた日本経済——しかしなぜ、日銀や政治家はこれまで「金融政策は効かない」と主張し続けてきたのだろうか。

世界の経済学者一〇〇人にインタビューして

近年、私が大きな興味を抱いてきたのは、「政府はなぜ経済政策を、特に金融政策を間違えるのか」という点です。そのため、数年をかけて、世界中の経済学者ならびに政策立案者一〇〇人にインタビューしてきました。

もちろん、普通の人が正しいと思うようなことでも、政治の過程ではなかなかうまく実現できないということもあります。アメリカの銃規制など、その最たる例といっていいでしょう。とはいえ、日本の金融政策がこれほど長く、緊縮の方向で、十数年も続いてしまったということが非常に不思議に思えるのです。

考えられるのは二つの理由。一つは、政治家がさまざまな利害によって政策をねじ曲げてきたこと。もう一つは、多くの人が経済学を正しく理解していない、ということです。

私が「わずかなインフレを起こすことが大事なのだ」と何度唱《とな》えても、理解してもらえませんでした。また、メディアでも「日銀のデフレ政策はいいことだ」という主張が展開されてきました。

日本における経済政策の間違いは、政治家、官僚、ジャーナリストたちが、古い経済学を学んだあと、そこから新しい知識に更新されていないことにも起因していると思われます。

ケインズやマルクスに洗脳されたまま

これまで、日本の舵《かじ》取りを務めてきた人たちは、「不況時には財政政策しか効かない」という昔のケインズ経済学を教わってきました。もちろんケインズは偉大な経済学者ですが、「不況時には財政政策しか効かない」というのは固定相場制の時代には正しくても、変動相場制では当てはまりません。あるいは、マルクス経済学の影響も大きいでしょう。

経済学には、ケインズ経済学やマネタリズムなど、さまざまな学説の流れがあります。それぞれ対立する学説もありますが、二〇〇〇年を経た近代経済学全体としては、世界的に、不況やデフレに関する共通認識の蓄積があります。

不況に関していえば、重要とされているのは大恐慌時代の以下のような教訓です。

「金本位制をそのまま維持していたので、経済がさらに悪くなった」

「アメリカも、より早く金本位制を離脱していれば、そして貨幣供給を増やしていれば、大不況を和《やわ》らげることができた」

現代マクロ経済学の立場からは、元米大統領経済諮問委員会（CEA）委員長のクリスティーナ・ローマー氏のいうように、「金融政策は効かない」という主張ほど、経済に悪影響を及ぼしたものはない、ということになります。

マルクス経済学の影響か、固定相場制下での既成観念にとらわれて「金融政策は効かない」と主張する人たちもいます。自分が若い頃に学んだ、数十年前の知識で、現在の政治、経済、ジャーナリズムを動かしているわけです。

その結果、日本という「病人」は適切な治療が受けられないままでいました。たとえば、ある人が「お腹が痛い」と医者に行ったとする。これがデフレ状態だとしましょう。お腹が痛いのだから、患者は「これは胃腸の病気だ」と思います。しかし日本の舵取りをしてきた人々、つまり医者は、「この症状に胃腸の薬は効かないので薬は出さない」といってきた。それが「金融緩和はしない」ということだったのです。

しかし、これはやはり胃腸の、金融の問題だった……二〇一二年秋、大胆な金融緩和を掲げる安倍晋三氏が自民党総裁に就任すると、とたんに株価が上がり、円が安くなりました。患者には胃腸の薬が有効だったことがわかりました。リーダーシップによって状況は大きく変わる——私が学んだ重要なことでした。

Q クエスチョン 6

大胆な金融政策を行ったアメリカでは何が起きたか？

近年の不況の原因であるリーマン・ショック……その震源地であるアメリカでは、どのような対策が講じられたのか。日本との比較によって、大きな違いが見えてくる。

リーマン・ショックが日本に最大の影響を与えた理由

リーマン・ショック以降の不況によって、世界中で最も痛手を受けた国はどこか——それは、国際的に比較した鉱工業生産の落ち込みの比率で見る限り、日本です。リーマン・ショックの震源地、アメリカやイギリスの損害よりも、日本のほうが大きかった。

なぜそうなったのかといえば、突発した円高の大波を、日銀が手をこまねいて傍観していたからです。当時、経済財政政策担当大臣だった与謝野馨氏は「蚊に刺されたようなもの」と語ったそうですが、とてもそのレベルではありませんでした。

その状況は、その後も続きました。日銀の金融緊縮策は世界でも突出したもの……日本だけが通貨高と闘ってきたのです。いわば日本経済は、世界の孤児のようなものでした。

IMF(国際通貨基金)が発表したGDPギャップも、リーマン・ショック以降は、日本が最も大きくなっています。つまり、お金が回っていれば余っている生産設備を活用して、富を創造できたのです。そもそも、不況の震源地でもなく、輸出依存率もそれほど高くない日本が世界で一番の苦境に陥った原因は、やはり、日銀が金融緩和を行わず、円高を招き、産業に過大なハンディを負わせたことにあります。

アメリカがドルを三倍にしたとき日本は

では、リーマン・ショックの震源地であるアメリカでは、どのような対策を行ってきたのでしょうか。

あらためて説明すると、金融緩和とは、国債などの金融商品を中央銀行が市場から買い上げ、市場に出回るお金を増やすことです。この金融緩和を、リーマン・ショック後のアメリカは積極的に進めてきました。これを「買いオペ」といいます。

二〇〇八年にリーマン・ショックが起きると、アメリカは急激に通貨供給量を増やしていきました。リーマン・ショック前には九〇〇〇億ドルほどだった供給量が、五年ほどで三兆ドルに届きそうなほどにまで増加しています。つまり三倍以上も通貨を増やしたのですが、一方の日本は三割ほど増やした程度……震源地とそうでない国の違いもあるとはいえ、これではあまりにも少ない。その結果として、円高ドル安が進むことになりました。

これは誰でも分かる理屈でしょう。円をみかん、ドルをりんごにたとえると、店頭に並ぶりんごの量が圧倒的に増えたのですから、値段は下がっていきます。それに対してみかんは量が少ない、つまり希少価値となって、値段が上がるわけです。

またアメリカは、リスクの高い住宅ローン担保証券を大量に購入しました。リーマン・ショックのきっかけは、サブプライム・ローン、つまり住宅バブルが崩壊したことにあります。「震源地のなかの震源地」である住宅市場を立て直すために、住宅ローン担保証券を大量に購入。また、二〇一二年からは量的緩和の第三弾がスタート。住宅ローン担保証券を毎月四〇〇億ドル購入し、その後は国債も、毎月四五〇億ドル買い上げています。

しかも、ここでは購入する期間や金額に上限が設けられていません。目標は「失業率が六・五パーセント以下になること」――そうなるまでは無制限に緩和を続けるということです。これだけの緩和を行ったからこそ、アメリカ経済はリーマン・ショックから立ち直ることができた。付け加えると、イギリスでは通貨供給量を約三・五倍に増やしています。

こうした海外での流れについていこうとしなかったことが、日本をデフレ円高不況に追いやりました。二〇一一年に発生した東日本大震災の際にも、日銀は一時的に資金供給を増やしたものの、その後は減らしてしまいました。

「包括緩和という名で広義の買いオペを実施したのは日本のほうが先だ」と日銀は自慢していたのですが、実際の数字を見ると、その規模はあまりにも小さいものでした。そのため、物価や円レート、それに株価には、ほとんど効果が及ばなかったのです。

Q クエスチョン
7

アベノミクスの真の狙いとは何か?

安倍晋三氏の自民党総裁就任、政権発足によって劇的に変化した日本経済——アベノミクスは何を目標とし、何を変えたのだろうか。その狙いを解説してみよう。

アベノミクスは「日銀流理論」の正反対

これまでに書いてきたような日本経済の危機的状況。それを変えようとするのがアベノミクスです。二〇一二年一二月二六日、第二次安倍晋三内閣が発足《ほっそく》しました。安倍氏が政権公約に掲げたのは「次元の違う思い切った経済政策」——それがアベノミクスと呼ばれることになりました。「アベ」と「エコノミクス」を合わせた造語です。

安倍総理がアベノミクスで実現しようとしているのは、これまで日本が(日銀が)とってきた経済政策とはまったく逆のことです。円高とデフレから脱するために何をするか——そのための方策が、政府と日銀が物価安定目標、すなわち緩やかなインフレ目標を、具体的な数値をもって示すことでした。また、その目標を達成するまで、日銀は長期国債などの買いオペを続ける。そして、このように政策の枠組みを変えることによって、長く続いてきた市場のデフレ予想をインフレ予想に転換することを狙ったのです。

これが、アベノミクスの「第一の矢」と呼ばれる大胆な金融緩和。私も長いあいだ同じことを主張してきましたから、安倍氏の掲げる政策には大賛成です。

第一次政権で「戦後レジームからの脱却」を訴えた安倍総理は、第二次政権で、経済においての大胆なレジーム・チェンジを敢行しようとしたのです。

サムスンにシャープが負けた原因は日銀

アベノミクスがベースにしているのは、アメリカの経済学者アーヴィング・フィッシャーが提唱したリフレ政策。緩やかで安定的なインフレを目指すリフレ政策としてのアベノミクスでは、二パーセントのインフレ目標を掲げました。二〇一二年二月に日銀が示した一パーセントの「目途」を、他の先進国同様に引き上げたわけです。しかも、それは「目途」という曖昧な表現ではなく、はっきりとした「目標」です。

そのために必要なのが円高の是正であり、その方法が無制限の金融緩和です。これは何も特別なことではなく、アメリカや欧州諸国がやってきたのと同じこと。ここに来て、ようやく日本も、世界の常識にのっとった経済政策を行うようになったのです。

日本が直面している問題は、経済が潜在生産能力のはるか下のところで運行していることです。金融を引き締め過ぎたために、日本経済は実力を発揮し切れていない。失業や過剰設備の存在のために需給ギャップが存在し、潜在生産能力が発揮されていないのです。

半導体の雄、エルピーダメモリがつぶれ、奇跡ともいわれた高度成長を担ってきた輸出企業、すなわちソニー、パナソニック、シャープなどが苦しんでいたのは、超円高が原因。そして、円高はドルに対して円の価値が高すぎるために起こるものです。つまり、ハイテク企業が韓国のサムスンに劣勢を強いられた原因は、日銀の金融政策にあるのです。

また、デフレはモノに対して貨幣の価値が高すぎるために起こるので、それを是正するためにも、お金を刷って円の量を増やすことが必要なのです。

私自身は、インフレ目標は次善の策だという考え方を持っています。正しい経済理解に基づいて金融政策を行っていれば、そもそも異常な円高になるはずもないですし、高度成長期のように緩やかなインフレ率を実現できるはずなのです。日銀が正しい経済学に従うのなら、それに任せてもいい。

ただし、デフレ予想が完全に定着してしまった日本では、それだけでは不充分ということになります。個人的には、インフレ目標は世界の有力経済学者のいうように、三パーセントでもいいのではないかと思っています。

ともあれ、アベノミクスが功を奏していることは、株価や為替レートの動きを見ても明らかでしょう。それに大胆に賭けていくこと、それこそが、景気を浮揚させることにつながっていきます。

Q クエスチョン 8

新総裁の就任で日銀はどう変わったのか？

円安とデフレ脱却に消極的だった日銀だが、二〇一三年三月に黒田《くろだ》東彦《はるひこ》氏が新総裁となったことで状況が変わった。黒田氏はどんな人物で、何を変えようとしているのか。

黒田新総裁の実力

安倍晋三総理の就任と、日銀新総裁に黒田東彦氏が就任したことによって、日本経済に曙光《しょこう》が差してきたように思われます。二〇一三年三月、白川方明総裁の退任にともない、黒田氏が日銀総裁に就任しました。

黒田氏は東京大学在学中に司法試験に合格し、卒業すると大蔵省に入省。国際金融と主税の分野でキャリアを積み、一九九九年から三年半の間、財務官を務めています。その後は日銀総裁就任まで、一橋大学大学院教授、アジア開発銀行総裁を歴任してきました。

ウェブサイト「現代ビジネス」には、財務省OBのコメントとして、黒田氏のこんな人物像が掲載されています。

「学者肌の人です。普通、役人というのは仕事が忙しいのできちんと経済学を勉強しない場合が多いのですが、黒田さんは珍しくオーソドックスな経済学も勉強していて、英国オックスフォード大学経済学研究科修士課程も修了しています。

主税局課長補佐時代から、通貨問題などを中心に何冊も本を書いている。旧経済企画庁などの人間なら調査・研究が仕事なので本を書くのも珍しくありませんが、財務官僚で何冊も本を書いている人は稀《まれ》です」

また、別のOBによれば、黒田氏にはこんな一面も。

「安倍総理は、世界の金融を牛耳《ぎゅうじ》りコントロールする外国の金融行政のトップたちを『金融マフィア』と呼んでいますが、黒田氏はああ見えて、非常に頑固でタフなところがある。彼なら、そのマフィアたちと互角に渡り合えると思います」

「デフレの責任は日銀にある」といった新総裁

黒田氏は、二〇一三年三月四日、次期日銀総裁候補として衆院議院運営委員会で所信を表明した際には、デフレ脱却へ向けて、日銀の金融政策を刷新する考えを示しています。いわく、これまでの金融緩和は「不充分」。そして「やれることは何でもやるという姿勢を明確に打ち出したい」と語っています。

黒田氏は、十数年にわたるデフレの責任が「日銀にある」と明言しました。二パーセントのインフレ目標達成のために、二年ほどの期間を念頭に大胆な緩和をしていくとも述べています。政府と日銀が足並みを揃えて金融緩和を行い、デフレ不況から脱却する——それこそが現在、最も求められている政策なのです。

金融緩和を怠り、円高を防ぐことができなかった日銀。それに対して黒田氏は、円高が進むと企業がコストカットに走り、デフレが進んでしまう危険性を実証的に議論するなど、経済学のセンスも非常に高く、国際的なものがあります。

アベノミクスが狙い、黒田氏が実行する円安につながる金融政策は、やはり日本経済の回復に最も効果的なもの。円安は株価に最も影響を与えます。安倍氏が自民党の総裁となった時点、つまり総理になって何かを実行する前の時点で「次元の違う金融政策」を宣言しただけでも、円安・株高に状況が変わりました。市場の期待に訴えかけたのです。

黒田氏がいうように、二年というタイムスパンで二パーセントの物価上昇率目標を達成することも、充分に可能でしょう。そこには「将来、物価が上がる」というインフレ期待があるからです。もし、仮にそうならなかったとしたら、それは金融緩和という「薬」の使い方が弱いということ。金融緩和をさらに推し進めていけばよいのです。

金融緩和をさらに推し進め、「薬」の効き目を強めるというのは、黒田氏が自由自在に腕をふるうということ。むしろ、それがうまくいきすぎ、インフレが四~五パーセントにまで達してしまうのではないかという心配すらあるほどですが、この点に関しても問題はありません。日銀には後述する「対インフレ」の実績とノウハウが充分にあるからです。

Q クエスチョン 9

アベノミクスについて海外の評価はどうなのか？

日本国内では賛否両論、大きな議論を巻き起こしているアベノミクス。では、海外ではどのような反応があるのだろうか。ダボス会議、G8サミットを例に見てみると……。

ダボス会議で絶賛されたアベノミクス

さて、このアベノミクスを、海外ではどう見ているのでしょうか。

「アベノミクスは理論的に一〇〇パーセント正しい」という慶應義塾大学教授の竹中平蔵《たけなかへいぞう》氏によると、二〇一三年のダボス会議(世界経済フォーラム)は、前年と比べ、はるかに明るい雰囲気のなかで行われたそうです。

その理由は、ユーロ危機が最悪の事態を免れたこと。竹中氏は「注意深い楽観主義」が二〇一三年のダボス会議のキーワードだったと、著書『ニッポン再起動　こうすれば日本はよくなる!』(PHP研究所)に記しています。

そんなダボス会議では、久しぶりにニッポンの存在感も増したそうです。十数名の有力者が出席する重要なクローズド・セッションにおいて、甘利《あまり》明《あきら》経済再生担当大臣と茂木《もてぎ》敏充《としみつ》経済産業大臣がニッポンの経済状況を説明。また、安倍総理は東京のスタジオからリアルタイムの映像でメッセージを伝えています。

これに対し、イギリスのフィナンシャル・タイムズ紙で主席経済論説委員を務めるマーティン・ウルフ氏が「アベノミクスは正しい」と発言。続いてOECD事務総長のアンへル・グリア氏をはじめ、多くの出席者がアベノミクスを高く評価する発言をしました。

「アベノミクスが三本の矢としてやろうとしているデフレ克服のための大胆な金融政策、機動的な財政政策、そして思い切った成長戦略は、いずれも正しいので、ぜひ日本に実行してほしいというのが、ダボス会議メンバーの総意に近いものでした」

竹中氏は『ニッポン再起動』にそう記しています。

イギリス、イタリア、カナダも絶賛

二〇一三年六月に開催されたG８《エイト》サミットでも、似たような反応が見られました。初日の討議で、議長を務めるイギリスのキャメロン首相が「アベノミクスの話をしてほしい」とリクエストすると（それも、討議のなかで二番目の指名だったそうです）、安倍総理はアベノミクスの三本の矢について説明。そのうえで、「日本企業の対外進出や外国企業の対内投資を促し、日本の成長が世界の成長に資する経済をつくる」と語っています。

この安倍総理の明確な説明に、イタリアのレッタ首相は、「アベノミクスは最善の策。参考にしたい」と評価。カナダのハーパー首相も、「積極的な経済政策の成功を祈る」とエールを送っています。

もちろん、あらゆる意見に反論はつきものです。ドイツのメルケル首相は、「日米の金融緩和は理解するが、出口戦略をどうするつもりなのか」「通貨安競争に陥る危険もある」という懸念を表明しています。しかしそれは、「日本の円安によってドイツに影響が出るのではないか」というもの。ただし、竹中氏によると、メルケル首相には、「ドイツはユーロ安によって、一国だけ漁夫の利を得ているではないか。そのあなたがいうのはおかしい」という反論が多く寄せられたそうです。

ドイツだけでなく、韓国からも日本の円安を懸念する声があがっています。しかし、金融緩和はリーマン・ショックを機にアメリカもイギリスも行ってきたこと。韓国も円安を懸念するのであれば、自らの金融政策で調整すればよいのです。

変動相場制の下では、自国の金融政策で、他国からの影響は相殺できるのです。日銀を責めるよりも、韓国の中央銀行に適切な金融政策を求めるべきでしょう。

アベノミクスが海外で概《おおむ》ね好評なのは、ある意味で当然のことです。金融緩和で不況を克服するのは世界の経済学の常識であり、日本もようやくそれを取り入れたのですから。「アベノミクスが正しいのなら、なぜ世界中の国が行わないのか」などという不思議な批判がありますが、リーマン・ショック直後から、世界中で行われている政策なのです。

Q クエスチョン 10

アベノミクスを批判する理論と学者の実態とは?

その大胆さゆえにか、批判も相次いでいるアベノミクス。その批判には、実は肯定的なメッセージが含まれている場合もある。海外からの批判など、実態に目を向けてみたい。

海外からの声は日本への高評価ばかり

アベノミクス批判のなかには、耳を傾けるべき内容のものがあるのも確かです。たとえば、竹中平蔵氏が『ニッポン再起動』において言及した、IMF(国際通貨基金)のクリスティーヌ・ラガルド専務理事による指摘です。ラガルド氏は、「二〇一三年最大のリスク地域はどこですか」という質問に対して「ジャパン」と答えたそうです。

竹中氏の解説によると、ラガルド氏はアベノミクスが正しいものであり、短期の財政拡大は仕方ないと認めたうえで、中長期的には財政再建をしないと大変なことになるという意味で、日本を「リスク地域」だと語ったようです。

これを極端に意訳すれば、「やるのであれば最後までしっかりやってください」ということでしょう。世界が懸念しているのはアベノミクスそのものではなく、アベノミクスが最後までしっかりと成し遂げられるのかどうかではないでしょうか。竹中氏も、「アベノミクスは理論的に一〇〇パーセント正しい」としていますが、「問題はそれを本当にやりきれるかどうか」だと語っています。

「ダボス会議中にニューヨークなどから聞こえてくるのは、日本に対する高い評価ばかりで、そのことがむしろ懸念材料と見られていました。評価があまりにも高いため、実体が伴わなければ、反動が大きくなることが懸念されたのです。

期待が高いということは、それだけ実現のための努力が求められているということであり、実現への大きな責任を負っているということです。実現できなければ、大きな失望感となって日本に跳ね返ってきます」(『ニッポン再起動』)

IMFからの発信をねじ曲げる朝日新聞

似たような指摘は、同じIMFのオリビエ・ブランシャール氏(チーフ・エコノミスト)からも寄せられています。ただ、そのことを伝える朝日新聞の記事は、かなり恣意的に発言を曲げたものでした。記事では、IMFは世界経済見通しのなかで、日本の二〇一三年の実質成長率予測を前年比二パーセント増に上方修正、その日の会見でブランシャール氏が、アベノミクスが世界経済の「新たなリスクだ」と指摘したことになっています。

IMFは、それまでアベノミクスを高く評価してきました。実際、記事にもあるように実質成長率の予測を上方修正しています。実は、ブランシャール氏が語った内容は「日本政府が財政の健全性強化など構造改革を実行しない限り、アベノミクスが世界経済のリスク要因になり得る」というものでした。そして、「投資家が日本の財政の持続可能性に不安を抱き、日本の国債利回りが上昇しかねないことが懸念材料だ。そうなれば、財政運営が難しくなり、アベノミクスは苦境に立たされる」と語っているのです(最近ブランシャール氏に会った印象では、彼が財務省の宣伝をまともに受け過ぎていて、日本の財政に対し過剰な危機感を持っているようでした)。

つまり、ブランシャール氏が語ったのは「アベノミクスがリスク」なのではなく、「アベノミクスがうまくいかないときのリスク」なのです。アベノミクスを支持したうえで、その成功を阻害するかもしれない要因について懸念している、というわけです。

アベノミクスには賛否両論がつきまといます。しかし、学者やジャーナリストのなかには、単に「権力批判をすれば受ける」という短絡的な考え方の人がいるかもしれません。また、これまで日銀がいうとおりに記事を書いていれば済んだものが、従来の経済政策から一八〇度転換したため、それに戸惑っている人もいるのでしょう。

もちろん私も真っ当なアベノミクス批判には耳を傾けるつもりでいます。これまでにも、論争を展開したことはあります。ただ、もっともらしく報じられる批判のなかには、事実を都合よく曲解したものも混じっていることには注意が必要だと思います。

Q クエスチョン
11

インフレ・ターゲットで何が変わるのか？

アベノミクスの重要な要素であり、アベノミクスについての議論に欠かせないインフレ・ターゲットとは、どのようなものか。それを簡単に説明してみよう。

ハイパー・インフレは絶対に起こらない

インフレ・ターゲットとは、「物価上昇率目標」「インフレ目標」とも呼ばれ、インフレ率の数値目標のことを指します。日本はデフレから脱却しようとしているので、そのためにはかすかなインフレの方向に進む必要がある。アベノミクスにおけるインフレ・ターゲット二パーセントとは、「物価を毎年、常に二パーセントずつ上げていく」ということです。

インフレというと、「物価が高くなるのは困る」と考える人も多いでしょうが、決してそういうことではありません。物価が上がれば企業が儲かり、設備投資や雇用も進む。給料も上がっていく。そうした経済全体の上昇がインフレなのです。

インフレ・ターゲットというと、ハイパー・インフレになるのではないかという批判も出てきますが、その心配はないと断言してもいいでしょう。その理由については、次の項目で詳しく説明します。

そもそもインフレ・ターゲットは、物価が上がりすぎないために使われ始めたもの。「ここまで上げる」ということであると同時に、「ここまでしか上げない」という意味もある。決められたインフレ率に達したら、金融の引き締めに転じればいいのです。

日本でもインフレ・ターゲットが論議され、二〇一二年二月一四日、日銀が一パーセントのインフレ「目途」を発表。それで一時は経済がいい方向に進んだのですが、やはり一パーセントでは少なすぎました。現在、アベノミクスで設定されているインフレ・ターゲットは二パーセント。重要なのは緩やかなインフレを目指すということです。

雇用と生産を回復するのが最大の目的

アベノミクスがインフレ・ターゲットを用いたのは妥当な考えであり、自民党内や閣内のさまざまな意見の集大成として、二パーセントの物価上昇率は評価できる水準だと思います。先述したように、私自身は三パーセントでもいいのではないかと考えていますが、アメリカの中央銀行であるＦＲＢ（米連邦準備制度理事会）も二パーセントを目標に掲げています。他の条件が一定であれば、ドルに対して円が、毎年一パーセント、二パーセントと上がっていく状態はなくなるはずです。

世界各国の経済成長率を見ると、この十数年間、日本だけが名目、実質の成長率ともに遅れをとってきました。他の国も原燃料高や財政難に悩んでいるのに、日本だけ何が違ったのか。それはデフレ気味に経済を運営し、金融政策を引き締め、円高を容認してきたことに大きな原因があります。そこから脱却するには、やはり大胆な金融緩和とインフレ・ターゲットが不可欠なのです。

こうした考え方を持つ、いわゆる「リフレ派」と呼ばれる学者たちは、たとえば日銀副総裁の岩田規久男《いわたきくお》氏が主宰していた「昭和恐慌研究会」などを通じて、「デフレや円高のように貨幣に関することは金融政策で直せる」と主張してきました。

また岩田氏は、安倍総理に、「政府と日銀が共同文書を出す際には、日銀の金融政策のみでインフレ目標を達成する旨を盛り込むべき」と提言したそうです。

インフレ・ターゲットとは、岩田氏の表現を借りれば、「一国の中央銀行が物価の安定に全責任を持ってコミットし、おおむね二年以内の目標達成を目指す政策」であり、それができなかった場合、中央銀行は厳しい説明責任を問われます。

しかし、これまでの日本では、日銀は物価の安定に責任をもってコミットしてきたとはいえませんでした——。

インフレ・ターゲットは、雇用と生産を回復するのが最大の目的です。だから、インフレの数値の達成ばかりを気にしても意味がありません。とはいえ、インフレ・ターゲットによって日本経済が上向きになっていることは間違いありません。

Q クエスチョン
12

金融緩和でハイパー・インフレが起こるのか？

二パーセントの緩やかなインフレで経済回復を目指すアベノミクス。インフレ・ターゲットには「ハイパー・インフレを招くのではないか」という批判もつきまとうが実際は？

ハイパー・インフレが起きない理由

アベノミクスに対する批判的な意見、その一つがハイパー・インフレへの懸念です。つまり制御できないほどに物価が上昇してしまい、人々の暮らしが破壊されてしまうのではないかというのです。この意見に対して、私ははっきりと「ノー」と答えます。いろいろ考えても、すぐにハイパー・インフレになることはありません。

そもそも、アベノミクスは長く続いたデフレを脱却するためのものです。そしてデフレとは、簡単にいえば物価が下がっている状態です。一方のハイパー・インフレは、物価上昇率に歯止めがなくなってしまうこと。物価が下がっている状態から、いきなり歯止めが利《き》かないほど物価が上昇するということは、常識的に考えて、ありえません。

デフレからハイパー・インフレになるということは、マイナスから無限大のプラスに転じるということ。そのあいだには、大きな幅があります。まずデフレが止まり、緩やかなインフレが起こり、それから駆け足のインフレへ、といった段階を必ず踏む。マイナスからプラスになる過程で、必ずゼロの地点を通過するということでもあります。

ノーベル賞受賞者、アメリカの経済学者ポール・クルーグマンはこういっています。

「いまはデフレ、そして不況で、洪水のようなものなのに、火事（ハイパー・インフレ）を心配する人が、どこにいるだろうか」

少しばかり極端な言葉かもしれませんが、基本的には私も同じ意見です。いま、日本経済は回復への第一歩を記しはじめたところ。そんな段階でハイパー・インフレを心配する必要はないのです。

戦争や大災害がない限り起こらない

ここで、過去に起こったハイパー・インフレの実例を見てみましょう。

史上初のハイパー・インフレといわれているのはフランス革命の時代でした。革命という混乱期に貴金属の裏付けのない紙幣を増発して財政支出をまかなったのが原因です。また、第一次と第二次世界大戦のあいだにドイツで起こった大インフレは、戦争によって生産装置が破壊され、物の価値が急激に高まったために起きたものです。

つまり、ハイパー・インフレが起きる原因は、戦争や内乱、大災害などで、国民生産に大打撃が与えられ、政府支出も増加して、物と貨幣のバランスが崩れることなのです。

一方、一九三〇年代の世界大不況からの回復過程では、ハイパー・インフレは起こっていません。大不況とは、物が余って失業者があふれている状態。そんなときに貨幣を増やしても、多少のインフレこそあれ、ハイパー・インフレにはならなかったのです。

現在の日本で、戦争や内乱が考えられるでしょうか。少なくとも、いますぐ、ないし数年のうちに起きるとは考えられません。二〇一一年には東日本大震災があり、生産設備に大打撃を与えましたが、このときもデフレ圧力は直りませんでした。日銀の出すマネーの量が少な過ぎ、かつ出し方が下手だったためです。

見方を変えると、日銀はインフレを抑えこむ達人なのです。

そもそも、日銀は、西南戦争(一八七七年)の費用を捻出したために起きた急激なインフレを教訓として、一八八二年に設立されています。『日本銀行百年史』の序文には、「日本銀行の創設はインフレーションを収束させることを大きな目的としていた」とあります。創設当初から、日銀の最大の目標はインフレとの闘いだったのです。

戦後も、終戦直後のハイパー・インフレ、オイルショック時のインフレなどを経験したことから、日銀はいまだに、二度とインフレを起こさないことが使命であると自負しています。とりわけ一九九八年に新日本銀行法が施行されて以降、緊縮金融政策を一貫して取り続け、デフレと円高をもたらしてきました——アベノミクスが出来《しゅったい》するまでは。

Q クエスチョン
13

株価が上がると国民の生活はどう変わるのか？

安倍政権の誕生をきっかけに、市場の期待に働きかけることによって株価は上がり、円安が進んだ。では、そのことで私たちの生活はどのように変わったのだろうか。

まず高級品が売れる背景

アベノミクスによって株価が上がり、円安が進んだことで、人々の生活にはどのような変化が起きたのでしょうか。消費を中心に見ていきましょう。

株高によって、富裕層の消費マインドは上向いたといわれています。それを示すのが、貴金属やブランド品といった高級品の売れ行き。都内のデパートでは、高級時計を購入する男性客が目立って増えているそうです。

売れ行きが伸び始めた時期は、二〇一二年の一二月。つまり安倍政権の発足と機を一にして、消費マインドが高まったということ。ここでも、アベノミクスは「期待」に働きかけたことになります。このデパートでは、富裕層の消費意欲を取り込むために、高級品売り場を改装。扱うブランド数も増やしたそうです。

このように、二〇一三年一月の時点でも、全国のデパートにおける美術品、宝飾品、貴金属の売り上げは、前年同月比で六・八パーセント増加しています。また、高級車の販売数も増えています。そして、日本百貨店協会のデータによると、二〇一三年一月から五月の累計で前年同期比一・三パーセント増。一日の売上高が一億円を上回る日もあったとのこと。この好調ぶりを牽引《けんいん》しているのが、高級品の売り上げです。

高級マンションの売れ行きも、都市部においては好調のようです。東京・広尾の高級マンションでは、二七戸が即日完売したものもあるとか。そのうち一七戸は一億円以上、最高額は二億七五〇〇万円だったといいますから、まさに「景気のいい話」です。

「IMF理事はデフレ根絶に向けた金融緩和を歓迎」

ウォール・ストリート・ジャーナル紙によると、「長らく低迷していた日本のビール市場がついに回復し始めている」という動きもあるようです。

二〇一三年上半期の出荷量そのものは前年同期比で〇・九パーセント減少。一九九四年のピーク時と比較すると、二〇パーセント以上落ち込んでいます。しかし、アサヒグループホールディングスとキリンホールディングスが発表した二〇一三年上半期の業績によると、経常利益は伸びています。

これは、円安によって海外事業の業績が上昇したため。それでは完全に復調したとはいえませんが、アベノミクスへの期待感、消費回復の兆《きざ》しは見えているようです。

キリンの三宅占二《みやけせんじ》社長は決算発表の際の記者会見で、「帰りの一軒目くらいのところについては少し回復傾向が見られる」と語ったそうです。

また、家庭用マーケットに関しては、発泡酒や第三のビールといった安価な商品が人気を集めているものの、週末などには高価な製品の需要も伸びているとか。さらに、お歳暮《せいぼ》などギフト市場でのシェアを見ても、高級品にはしっかりした需要があるようです。

そしてＩＭＦは、二〇一三年八月五日に公表した日本経済に関する年次審査報告書において、アベノミクスによって景気見通しが「著しく改善している」としています。報告書には、「ＩＭＦ理事はデフレ根絶に向けた金融緩和を歓迎する」と明記されています。

一方で、よく話題になるのが、「自分たちの生活にはなかなか反映されない、給料はまだ上がっていない」という一般市民の声です。実際、平均的な家庭の給与所得は伸びず、円安によってエネルギー価格が上がったことで、日常の消費は伸びていないという指摘があります。

週刊誌で「アベバブル」「買うべき株の銘柄」が話題になる一方、テレビなどでは「節約生活」を扱う番組もまだまだ人気です。

では、いつになったらみなさんの収入は上がるのか。そもそも、本当に給料は上がるのか。それについては、これからの項で詳しく説明しましょう。

Q クエスチョン
14

円安になると海外との摩擦が生じるのか？

アベノミクスによって円安が進んだことに、批判的な国もある。とりわけ韓国や中国との摩擦が懸念されているが、日本はどのような態度を取るべきなのか。

メルケル首相の不思議な発言

日本の円安が進んだことは、当然ながら他国の経済に大きな影響を与えることになります。そのことに懸念を表明する国も出てきました。

先述したように、ドイツのメルケル首相は、「日米の金融緩和は理解するが、出口戦略をどうするつもりなのか」「通貨安競争に陥る危険もある」と語っています。しかしドイツはユーロ安によって漁夫の利を得ているのですから、この懸念は正当なものとはいいがたいでしょう。

また、半年で二〇パーセント円が下落したことで、それまで好調だった韓国の輸出企業を脅かすことにもなります。韓国の企画財政相は、「円安は北朝鮮のリスク以上に韓国の実体経済への脅威だ」と語ったとされています。

実はこうした懸念は、日本に対するものに限りません。たとえば二〇一一年、アメリカを訪れた中国の胡錦濤《こきんとう》国家主席は、「アメリカが金融拡大するのは中国には迷惑だった」という声明を残しています。

現在の中国の悩みは、インフレ圧力が高まること。中国も形式上は変動相場制なのですが、人民元を切り上げることを拒み、固定相場制とほとんど同じ運営をしています。そのために、輸入インフレを防ぐことができません。しかしこれは、通貨である元を充分に切り上げ、金融を引き締めれば、自力で解消できることです。

胡錦濤氏は、自国で対策をとっていないのにアメリカを批判したことになります。バラク・オバマ大統領もベンジャミン・バーナンキFRB議長も気にすることはないのです。

円安は世界経済活性化につながる

変動相場制のもとでは、通貨政策は国内問題です。そのことに対する理解がないために、胡錦濤氏もこのような発言をしたのでしょう。韓国の企画財政相も同じです。

アベノミクスが実施される前から、金融緩和や脱・円高不況を唱えるリフレ派には、似たような批判がなされてきました。変動相場制下での各国の平価（通貨の対外価値）切り下げ競争が世界全体の破綻を招く、というものです。このような誤解は、解消しておかなければいけないでしょう。

変動相場制下では、ある国が金融緩和によって景気を刺激しようとすると、その通貨の為替レートは下落します。すると、貿易相手国の通貨は切り上がり、相手国の経常収支は悪化することになります。そのことが、いわば不況を輸出するかのように見える効果があるため、「近隣窮乏化」政策だという批判が生まれることになりました。

これは一九五〇年代には経済学の常識でしたが、現在の経済学の知見からすると、大きな間違いなのです。一九八四年の時点で、カリフォルニア大学バークレー校のバリー・アイケングリーン教授とコロンビア大学のジェフリー・サックス教授が、理論と歴史的研究の二つの観点から、一九三〇年代に起きた平価切り下げ競争が、世界経済の破局を招くどころか、各国相互の経済回復に役立ったことを示しています。

最近では、内閣府主任研究員だった岡田《おかだ》靖《やすし》氏と私が、平価切り下げ競争を行うことによって、各国とも最も望ましい価格上昇率(たとえば低いインフレ)の状態を達成できることを示しました。金融緩和をし過ぎるとインフレが起こるため、通貨の切り下げにも限界がある。すると、経済の成長に最適なマイルドなインフレの状態に落ち着くのです。

よって、金融緩和や円高防止政策を日本のデフレと不況脱却のために用いることは、世界経済の活性化に役立つことはあっても、国際金融体制を破綻させる心配はまったくないといえます。韓国で講演した際にも、私は、「日本の中央銀行を責めるのではなく、韓国の中央銀行に対して適切な金融政策を求めるべきだ」とコメントしておきました。

Q クエスチョン 15

アベノミクスで株価の乱高下はなぜ起こるのか?

アベノミクスによっていったんは上昇した株価だが、その後一三年ぶりの下げ幅を記録するなど、安定しない状況も。「アベバブル崩壊」「大暴落の可能性」といわれるが……。

株価だけでなく実体経済も動き始めた

アベノミクスの「ピンチ」を報じる動きがあり、この件についてのインタビューを、髪をふり乱した私の写真とともに掲載した新聞もありました。

アベノミクスは成功しています、心配はありません。

確かに一時、株価は下がりましたが、忘れてならないのは、その前に大きく上昇しているということ。株価が下がったのは、それまで一本調子に上がり続けたための調整局面だというべきでしょう。株は、さまざまな人や会社によって大量に取り引きされています。当然、そこにある思惑もさまざま。変動することが当たり前なのです。

この株価の乱高下は、アベノミクスに対する人々の過剰な期待が剝《は》がれたことによると見るべきでしょう。アベノミクスによって日本の経済政策は急激な変化を迎えました。二〇一二年、安倍晋三氏が自民党の総裁となり、次期総理に就任することが確実と見られた時点で、株価は上昇し、円安が始まっています。それだけ、安倍政権による変革に大きな期待が集まったからです。世界中の国を見渡しても、株価が日本のように半年間で約七割も上昇している国はありません。

アベノミクスの全体のトレンドはまったく変わっていません。「過剰な」期待は剝がれましたが、「正当な」期待は生きています。地域の経済動向、雇用、マインドに関する指標など、すべて上向きのまま。

株式だけでなく実体経済も動きだしたのですから、アベノミクスについて長期的な心配は何もないのです。

経済指標が証明するアベノミクスの成果

アベノミクスによる回復は夢なのか現実なのか——それを見極めるためには、株価だけでなく、所得や雇用の統計を見ることです。各地の有効求人倍率などは、派手ではないものの着実に改善しています。アベノミクスへの期待が、現実を変えているのです。

また円安から円高への揺り戻しも、その範囲は二パーセントから三パーセントにとどまりました。輸出に与える好影響は変わっていないといえます。

アベノミクスの第一の矢は、私が考えていたとおり、あるいはそれ以上によく推進されてきました。国家のリーダーが大規模な金融緩和を受け入れ、実行したことは本当に幸いなことでした。

ここまで述べてきたように、全体の方向性で見れば、日本の経済は非常によくなっています。アルバイトの時給が上がり、生産と消費も上昇。各分野で景気回復の芽が出ている。日本でタクシーに乗った際も、「少しではありますが状況がよくなってきていますね」と運転手さんが話していました。少し前なら、タクシーではいかに景気が悪いかという話ばかりを聞いていたのですが。

こうした変化を見ようとせずに、株価が一時的に下がったことだけをつかまえて、アベノミクスの「崩壊」や「終焉《しゅうえん》」を叫ぶのはナンセンス。過剰反応といわざるをえません。そして、もし本当にアベノミクスが失敗に終わると思っている人は、いますぐ株を空売りすることをおすすめします。

空売りというのは、まだ持っていない株式をあらかじめ売り、その後に安値で買い入れること。そうすることで差益を得ることができます。もちろん、株価が下がれば下がるほど利益は大きい。本当にアベノミクスが失敗に終わるのなら、空売りで大儲けできるはずです。しかし、本当にそうする人がどれだけいるでしょうか。

繰り返しになりますが、株価の乱高下は当然の現象であり、アベノミクスに対する期待の過剰な部分が剥がれただけのこと。それは経済指標によって証明されています。

Q クエスチョン
16

アベノミクスにおける財政政策とは何なのか？

金融緩和に続く、アベノミクスの第二の矢として注目される「機動的な財政政策」――そこでは何が行われ、日本経済に何をもたらそうとしているのだろうか。

財政出動で金利が上がり円高になる理由

アベノミクス第二の矢である機動的な財政政策。これは簡単に説明すると、政府のお金を使っていこうというものです。不景気のなか、政府がお金を使い、公共事業にお金を回すことによって、景気を上げていこうというわけです。公共事業に関わる企業が儲かれば、雇用や給料が上がり、消費も増える。それだけでなく、公共事業によってインフラが充実していけば、生活が便利になり、そのことで経済が活性化するという見込みもあります。たとえば観光地の交通が充実すれば、観光客も増えるだろうというわけです。

また歳入面においては、減税を行うことで経済活性化を狙うのも財政政策の一つです。アベノミクスには、雇用を増やした企業、賃金を上げた企業、設備投資をした企業に対して法人税を減税するという税制改正が盛り込まれています。

ただ、公共事業に関してはいいイメージを持っていない人が多いのではないでしょうか。「結局はバラマキか」「また無駄遣いになるのではないか」と。大型の補正予算によって、国債の発行がさらに増えることは間違いないでしょう。そのことで悪い金利上昇が起こり、金融政策の効果が打ち消されてしまうのではないかという懸念もあります。

私は本来、日本の経済の立て直しには金融政策だけでほぼ充分ではないだろうかという考えを持っています。とはいえ、政府のなかには「最後のひと押しとして財政政策が必要だ」という意見があるのも確かです。その一方で「金融政策で財政危機を救えるのに、財政で大盤振る舞いすると逆効果になるのではないか」と不安を持つ人もいます。私はどちらかといえば後者の意見に賛成です。

それでも財政政策を使うとき、欠かせないのは金融政策を全開で行うということです。財政拡大によって国債を大量に発行し、金利が上昇すると、海外資金の流入を招き、円高につながってしまうおそれがあるからです。

円高で輸出減と輸入増が起きると、外需が縮小し、財政出動で喚起した内需を相殺《そうさい》してしまう——これを「マンデル・フレミングの法則」といいます。そうならないためには、金融政策による金利の安定化を同時に図ることが必要。つまり金融緩和を充分に行うことで、財政政策も効いてくるのです。すなわち金融政策が「主」、財政政策は「従」なのです。

財政政策で増す金融政策の重要性

ともあれ重要なのは、財政政策をやるのであれば、金融政策の重要性はさらに増すということです。財政政策は補助的なもの、といってもいいかもしれません。

「金融政策だけではすぐにデフレを解消できない」と財政政策を重んじる人のなかには、日銀にも長期のスパンで金融政策を考えられるよう時間を与えるべきだ、と唱える人もいます。しかしそれでは、期待に訴えかける効果が弱まってしまう。安倍総理もそう考えており、それが正論です。

財政政策において前提にしなければならないのは、国の財源には限りがあるということです。減税しながら公共事業にお金を使ってばかりいたら、いつか国の財政はおかしくなってしまいます。それこそ、金融政策の成功を無にしてしまうかもしれません。

金融政策に関しては「無制限であること」が大事ですが、財政政策に関しては、「どれだけ制限できるか」が重要になってきます。実際、アメリカやヨーロッパでは、大胆な金融政策を行う一方で、財政は引き締めています。

しかし、デフレになる前に手を打った欧米とは違い、長い間デフレに苦しんでいる日本では、金融政策だけでは足りないという考えも出てきます。そこで財政政策が出てくる、というわけです。ただ、財政政策にはリスクもある。だからこそアベノミクスでは「機動的な」という言葉を使っているのでしょう。

Q クエスチョン
17

アベノミクスでの成長戦略とは何か？

アベノミクス第三の矢は「成長戦略」——現在、世界からの注目がここに集まっている。アベノミクスでは、どのように日本経済を成長させようとしているのか。

成長戦略の中身とは

アベノミクスに関して最も強い関心を集めるのは、第三の矢である成長戦略でしょう。私がアメリカで講演を行った際にも、多くの人から成長戦略に関する質問や意見を寄せられました。この成長戦略は、より正確にいうと、「民間投資を喚起する成長戦略」。成長力のある民間の分野に資本や労働力が集まりやすいようにしていく、ということです。

総理官邸で行われた産業競争力会議、その挨拶のなかで、安倍氏は次のように語っています。この言葉が、成長戦略の基本となる考えだといえるでしょう。

「大量に眠っている資金を動かして、国内外の潜在市場を掘り起こし、民間投資を喚起する。併《あわ》せて、人材、技術、資金を、生産性の高い部門へとシフトさせ、これによって、一人あたりの売り上げを伸ばす。その果実を、賃金・所得として家計に還元していく。所得の増加は、消費を押し上げ、さらなる成長につながっていく。

この『好循環』を回していく鍵は、規制・制度改革であります。医療、エネルギー、インフラ整備など、規制を背景に、民間の投資が制約されている世界を、大胆に開放していく。日本人や日本企業が持つ、創造力や突破力を信じ、その活力を解き放っていく。これがまさに私たち安倍内閣の仕事であると、認識をしております。

みなさんが思う存分チャレンジできるよう、チャンスをつくる。リスクを恐れず、改革を果断に進めていく決意であります。日本はまだまだ成長できる、日本は再び世界の真ん中で活躍できるということであります」

アベノミクスの「第四の矢」とは何か

この産業競争力会議では、七つのテーマ別会合が開かれました。そのテーマとは「産業の新陳代謝の促進」「人材力強化・雇用制度改革」「立地競争力の強化」「クリーンかつ経済的なエネルギー需給実現」「健康長寿社会の実現」「農業輸出拡大・競争力強化」「科学技術イノベーション・ＩＴの強化」です。

そして閣議決定された「日本再興戦略」では、次のような施策が盛り込まれています。

イノベーション（投資・創業＝産業の新陳代謝、技術・ＩＴ＝新技術・新事業の創出、インフラ＝次世代インフラの整備）。チャレンジ（雇用＝人材力の強化、女性＝就労への環境づくり、若者＝就業をサポート）。対外オープン（通商＝貿易の拡大、国際展開＝輸出・交流の活発化、立地戦略＝国家戦略特区）。規制改革（医療＝健康長寿社会、エネルギー＝クリーンで経済的なエネルギー、農業＝攻めの農林水産業)。こうした成長戦略には「期待外れ」だという意見もありますが、それは期待が高かったことの裏返しでしょう。

第三の矢はミクロの政策であり、複雑なために、説明が難しい。ここで一つ、ポイントとして挙げておきたいのは、規制緩和とともに法人税を引き下げることが重要だということです。グローバル化した社会では、法人税が高いままでは、租税競争に負けることになる。海外からの投資を呼び込むには、法人税率の引き下げが必要なのです。

もう一つ、規制改革を行う際に注意すべきことがあります。小泉内閣における規制改革では、「競争に負けた人を救う」という発想が足りなかったように思うのです。そこで、「第四の矢」として、セーフティーネットを設けることも一案ではないでしょうか。

成長戦略を進めるためには、規制緩和が不可欠です。政府の規制を緩和し、新規参入を増やすことで、競争の激化や潜在GDPの増加が見込め、生産能力が拡大します。

重要なのは、政府が自ら鎧《よろい》を脱いで不必要な規制を外すこと。しかし、激化する競争のなかでふるい落とされる人、不幸にして取り残される人に充分なケアがなされなければ、人々を幸福にするという国家の最大の目標は達成されません。

TPP参加によって貿易を拡大するのも必要ですが、これは後述します。

Q クエスチョン
18

消費税は将来どうすればいいのか？

日本経済における国民の最大の関心事が消費税だろう。予定通り、八パーセント、一〇パーセントに引き上げられるのか。あるいは他に手立てがあるのか。

消費税増税でむしろ税収減に

消費税増税について慎重な安倍総理は、その影響について閣僚や経済財政諮問会議のメンバーが有識者の意見を聞く「集中点検会合」を設置しました。その結果や、二〇一三年四～六月期のGDPなどをもとにして、増税の判断が行われることになりました。

一方で、日銀の黒田総裁が「脱デフレと消費税増税は両立すると思う」と語ったことも話題になりました。増税の先送りで国債の信頼がゆらぎ、金融緩和に影響を与えるというのが、その理由です。

しかし、消費税引き上げは慎重に判断してほしいというのが、私の意見でした。引き上げの判断材料として重視したいのは国内総生産と雇用の改善。GDPの実質成長率が二〇一三年に入って継続的に四パーセント以上となり、失業率が三パーセントほど、有効求人倍率が一・二倍になるなどの条件がそろう必要があると考えました。

増税が決定すると、民間調査機関の予測では、増税直後の二〇一四年四～六月期の実質経済成長率は約五パーセント減となり、法人税などが落ち込む可能性が高かった。その危険を冒《おか》してまで増税を強行することがいいとは思えませんでした。

早急に増税を判断することは、アベノミクスで上向いている景気を失速させるおそれがあります。消費税引き上げの結果、法人税や所得税が大幅に減少することになれば、トータルでの歳入はマイナスになってしまう。それでは橋本《はしもと》龍太郎《りゅうたろう》内閣と同じ失敗を繰り返すことになります。これはいわば金の卵を産む鶏を殺してしまうようなものです。

政府の面目より国民の生活を

そこで私は、多くの学者の推奨する毎年一パーセントずつ漸進的《ぜんしんてき》に引き上げるか、景気が十分に回復するのを待つ意味で、増税を一年ずつ先延ばしする提案を行いました。しかし結局、二〇一三年一〇月、安倍総理は消費税を一四年四月に増税することで、消費税論議に決着をつけました。この陰には、財務省の徹底した情報操作が隠れていたことは第一部のコラムにも書きました。そのほかにも、次のような事情が考えられます。

まず、財源とその配分の権益を享受《きょうじゅ》できる財務省だけでなく、有権者に財政支出プロジェクトを提示できる国会議員も、安倍総理を増税支持に向かわせた。気が早いことではありますが、アベノミクス成功のいわば利益分配のお祭りをやろうという国会議員の主張を、総理は無視できなかったのだと思います。

もちろん、財務省以外の官僚にとっても、歳出プロジェクトを生み、自分たちの権限が増え、さらに天下り先までつくれるので、増税に賛成したくなるのだと思います。

しかし、私の見るところでは、総理を予定通り増税の決定に向かわせた最大の要因は、アベノミクスの政策に反応して景気が上向きになっていた事実だと思います。二〇一三年の第2四半期(四―六月)のGDP速報値が、八月の段階で、第1四半期の四・一パーセント成長から二・六パーセント成長に変わっていました。

ところが、九月はじめの設備投資統計の改定によって、第2四半期の成長率が三・八パーセントまで回復。有効求人倍率も、全国の数値が〇・九五倍まで回復し、各地域に改善が見られました。このような経済状態の好転が、「いずれ必要になる消費税増税なのだから、景気が上向いているときに決行しよう」という動きに収斂《しゅうれん》されたのだと思います。

アベノミクスに多少逆風となる消費税増税も、第一の矢、第二の矢がとてもうまく働いているので、どうやら乗り切れるのではないかという希望が生まれています。たしかに三パーセント上昇する消費税のマイナス効果は無視できません。しかし私は、それほど心配していません。所得や雇用統計に見る実体経済の改善の姿が力強いのと、変動相場制の下では、財政による景気抑制要因は金融緩和によって十分に対抗できると信じるからです。

Q クエスチョン 19

アベノミクスではいつ個人の収入が増えるのか?

アベノミクス批判でよく見られるのが、「庶民の生活は一向に良くなっていない」というもの。給料が上がり、国民全体が景気回復を実感できる日は、果たして来るのだろうか。

まず失業者が減少し、次に賃金のアップが

アベノミクスに関して、どこか他人ごとのように感じている人も少なくないようです。円安が進んだ、株価が上がったと新聞やテレビで目にするものの、景気が良くなったという実感がない。金融緩和で緩やかなインフレを起こすというが、自分の給料が上がらないのに物価が上がっては困る……。そんな声も、よく耳にします。

実際、スーパーマーケットの売り上げは全国的に前年割れが続いています。また円安が進んだことによって液化天然ガスの輸入価格が上がったため、光熱費も上昇することになりました。輸入原材料費が値上がりしたため、パンや小麦粉なども高くなっています。

その一方で、現金給与総額（基本給、残業代、賞与などを合わせたもの）はまだ、低下傾向が続いています。二〇一三年の春闘では、一部の企業が賞与を増やしたものの、ベア（基本給のベースアップ）を認めた企業は一割強。これは前年と同程度の数字です。

ただし、そのことで「アベノミクスは失敗だ」とするのは早計なのだということを分かっていただきたいのです。いま、みなさんにいいたいのは、「少しだけ我慢してくださ い」ということです。

雇用を増やすには、需要が増えるだけでなく、企業の財の供給が増加しなければなりません。そして、物価が上がったのに給料が上がっていない状態、これは実質賃金が下がったということ。実は企業にとって、大変な追い風なのです。

基本的には、そのギャップの分、企業が潤っている。それにより、たとえば就職難で困っている学生を雇うことができるようにもなります。

また、株価が上がり、企業の業績が良くなりそうだということになると、当然ながら仕事の量も増えていく。こうして仕事が増え、働く時間が長くなれば、残業代が増えることになります。そして、残業を増やしても追いつかない、もっと人手が必要だとなれば、雇用が増える。続いてボーナスが増え、最後に基本給が上がる。そういう順番になります。

基本給は、「固定給」とも呼ばれるように、一度上げるとなかなか下げることができないもの。だから、景気回復が持続したところで上がるのが基本給なのです。二〇〇二年に始まった「いざなみ景気」でも、基本給が増えたのは二〇〇五年になってからでした。

みんなが豊かになるのがアベノミクス

コンビニエンス・ストアのローソンは、若手社員約三三〇〇人の賞与を上乗せすることを発表しました。年収ベースにすると、約三パーセントの増加です。ローソンの新浪剛史《にいなみたけし》社長は、安倍内閣がつくった産業競争力会議の民間議員。この賞与アップは、アベノミクスへの賛同の表明とも取れます。そこには、「消費意欲が高い若い世代の年収が増えれば、デフレ脱却に効果がある」という狙いもあるそうです。

付け加えておかなければならないのは、こうした所得アップの流れにも、バラつきが出てこざるをえないということです。たとえば、トヨタや日産といった、円高でもどうにか頑張ってきた企業では賃金が上がりやすいのですが、シャープなどのように苦しんできた企業では、すぐには上がりません。言い方を変えれば、「どの企業も賃金を上げるべきだ」とはいえない。そして、「上げられる企業はどんどん上げてほしい」ということです。

また、二〇一三年度の税制改正大綱では、企業が社員の年収を前年より五パーセント以上増やした場合、増えた分の一〇パーセントを法人税から差し引く新たな減税が盛り込まれています。こうしたことの効果も、徐々に現れてくるはずです。

雇用されている人々が、実質賃金の面では少しずつ我慢し、失業者を減らして、そのことが生産のパイを増やす。それが安定的な景気回復につながり、国民全体の購買力をアップさせ、みんなが豊かになる。それがリフレ政策であり、アベノミクスなのです。

Q クエスチョン

20

日本経済にはどのような未来が待っているのか？

アベノミクスによって大きく変わろうとしている日本経済。今後、必要になるのはどのようなことなのか。そして、どのような未来が待っているのだろうか。

重視するのは名目金利ではなく実質金利

アベノミクスは、デフレ脱却に向けた道筋をきちんと示しました。これまでの流れを見てみると、予想以上にうまくいっています。金融緩和により、資金がさまざまなルートから人々の財布に入り、それを使うようになる。また円安で企業の業績も改善し、設備投資が拡大する。そうした形で、経済の教科書通りの結果をもたらしました。

アベノミクスの「副作用」を指摘する人もいますが、デフレの十数年間、輸入製品を扱う業種が円高を喜ぶ一方で、それまで日本経済のパイを大きくしてきた自動車などの輸出産業を筆頭に、多くの企業は犠牲を払ってきました。副作用を心配してアベノミクスを批判するのは、「デフレだったこれまでのほうがいい」といっているようなものです。

先述したように、株価が不安定になったのも過剰な期待が剥がれただけ。全体としてのトレンドは変わっていません。アベノミクスに対する期待は生きていますし、実体経済にも効いています。今後さらに円高が進むことになったとしても、日銀がもっと金融緩和すれば問題はありません。

もう一つ、「インフレ期待が大きく醸成されると、長期金利が高騰するのではないか」

という声もありますが、ノーベル経済学賞受賞者のロバート・マンデル氏は、期待インフレ率が上がるほどには国債の金利が上がらないことを証明しています。

実質金利は名目金利から期待インフレ率を引いたもの。金融緩和によって名目金利が一定に抑えられている環境では、期待インフレ率が上がると実質金利は下がる。その影響が名目金利に多少はね返ったとしても、結果的には実質金利が下がり、投資しやすい環境になることに変わりはありません。重視すべきは、名目金利ではなく実質金利なのです。

正しい方向に舵を切った日本経済

このように経済の回復途上にある日本——その最大の課題は、日銀法の改正でしょう。有権者の信任を得た政治家が金融政策の舵《かじ》取りをきちんとする、それが政府の役目であり、その目標を達成するために具体的な手段を使って金融政策を実施するのが日銀の役目です。この体制を盤石《ばんじゃく》にするためには、日銀法を改正すべきだと思います。

白川方明総裁時代の日銀で金融緩和がうまくいかなかったのは、「もうそんなことをやりたくない」という意思を言外に示し、自ら「金融緩和策には効果がない」と吹聴《ふいちょう》してきたからです。本気には見えない中央銀行の政策では、誰も信用してくれません。

残念ながら、現状では、政府と日銀がアコード（政策協定）を結んでも、日銀に政策を強制できる法的な根拠がないのです。こうして選挙の洗礼を受けていない日銀が、金融政策の目標まで勝手に決めてしまう、それが大問題です。

デフレの十数年間、「日銀はこれ以上の金融緩和をしてはいけない」といわんばかりの理由を、理屈を付けて説明する人はたくさんいました。彼らが経済原理とまったくかけ離れたことをいっているのが不思議で、不満や怒りにも似た感情を持ちました。

あくまで「日銀流理論」を振りかざす日銀、経済学のいろはも知らない政治家、加えて役人に追従《ついしょう》するジャーナリストや学者たち……そうした逆風のなかで、私たちリフレ派は、無力感を感じながらも一生懸命にやってきました。

そして、アベノミクスによって見事に争点が転換されたのです。安倍総理の政治的リーダーシップによって、いまやっと、反対派の人たちと同じ土俵で議論できるようになりました。そのことを、たいへん嬉しく思っています。

日本経済の今後について、最も強くいいたいことは、次の言葉に集約できます。

「何も心配はいらない、アベノミクスをこのまま続けるべし」

日本経済は正しい方向に舵《かじ》を切ったのです。

コラム　消費税増税のマイナスをカバーするのも金融緩和

二〇一三年一〇月一日、安倍晋三首相は予定通り消費税率を五パーセントから八パーセントに引き上げることを公表、消費税論議は落着しました。

この日は、アメリカの「財政の崖《がけ》」が伝えられて、各国の株式が一パーセントほど下落していました。それに対して日経先物は、その三倍に匹敵する急落を見せました。財務省の「消費税を上げないと株価が暴落する」という主張とは逆に、消費税率引き上げが株価の急落を招いたのです。

私自身は、中長期的には、消費税を引き上げる必要があると考えています。誇張があるにせよ、政府は財政赤字と巨額の累積国債を抱えており、歳入を増やす必要があるのは間違いありません。

しかも現在、投資を自国に呼び込むための法人税率の引き下げ競争が国際的に行われています。そのため、日本の法人税率も、引き下げの方向に向かわざるをえません。

とはいえ、二〇一四年四月に消費税率を五パーセントから八パーセントへ、三パーセントも引き上げるというのは、かなり急激な変化です。これだけの大幅な引き上げは、他国でもほとんど試されていません。私は賛成しかねます。

ましてや現在は、日本経済が、一五年以上続いたデフレと不況から立ち直ろうとしている大事な時期。予定通りの消費税率引き上げは、総需要の減少に加え、資源配分を阻害するおそれがあります。引き上げるにしても、アベノミクスによる経済回復の足を引っ張らない形、たとえば一年ごとに一パーセントずつといった形で漸進的に行うべきであるというのが私の立場です。

一方、日本の政策当事者、メディア、学者などの過半数は、私とは反対、つまり予定通り一挙に消費税を引き上げようという意見でした。

消費税率引き上げを予定通り行おうという意見の人たちは、「景況感が上がっているのだから税率を上げても大丈夫だ」と考えているようです。

ですが、実際には、デフレギャップはまだ二パーセントほど残っています。四パーセントの成長が、あと半年、ないしは3四半期ほど続けば安心なのですが、まだそこまでは達していません。であれば、少し時間を稼ぐ必要があるのではないかというのが、私のような「慎重派」の考えです。

国民所得や雇用、設備投資といった面から見ると、消費税が重荷なのは間違いありません。

昔話の「さるかに合戦」にたとえるなら、消費税率引き上げは、カニ（国民）から猿（財務省）がおにぎりを奪おうというもの。そして将来、日本の財政が安泰となり、立派な柿の木に育つと……「そうなったら国民のみなさんも、たくさん柿を食べることができますよ」というわけです。

そのために、財務大臣は国の財政危機を盛んに煽《あお》り立てるのです。このままでは政府が破産に近い状態になってしまう……国債市場はもとより、社債や株式市場でも、日本に対する信頼がなくなってしまう、と。

この危機はまったく的外《まとはず》れなものではありません。ですが、だからといって国民から、いますぐにおにぎりを取り上げ、空腹にさせるほどのものでもないことは確かです。

ちなみに外国で日本の消費税の話をすると、まず心配されるのが、おにぎりを奪われる国民のこと。そして、そのことで失われるＧＤＰや日本経済の失速が話題となります。将来、柿を実らせるために、いま空腹になるのは得策ではない——それが世界の共通した認識といえるでしょう。しかし、日本でそう考える人は少ないようです。

二〇一二年に、自民、民主、公明の三党合意で成立した消費税率引き上げ法案には、景気条項がついていました。引き上げ予定時に景気の状態が悪ければ、引き上げ幅や時期を見直すというもの。安倍首相はこの条項を忠実に守り、専門家や国民代表を六〇人集めた消費税増税の影響の検討会議を内閣府で開催しています。私もそのメンバーとして参加しました。

ですが、この会議には大きな偏《かたよ》りと情報操作がありました。メンバーからして、財務省や内閣府に都合のいい意見を発表するような人間が多かったように思います。「識者の七〇パーセント以上が消費税の予定通り引き上げに賛成」といっても、もともと賛成の人たちを多く集めれば、そうなって当然です。

「日本は世界にまれな財政危機にある。消費税増税を躊躇《ちゅうちょ》したり引き延ばしたりすれば、アベノミクスにも信憑性《しんぴょうせい》がなくなってしまう」

そんな意見を、内閣府や官邸で何度、聞いたことか……こうした刷り込み、いわば「洗脳」は、財務省に異を唱える勇気のない学者や（減免税率がほしい）新聞によってさらに広まるのです。

電力会社など規制の対象に規制官庁が取り込まれてしまうことを「規制捕囚」といいますが、一つの省庁が人々の考え方を作り上げる「認識捕囚」が起こったようです。

検討会議のなかにも、良心的な人がいたことは間違いありません。かつては金融政策について日本銀行のいうとおりコメントしていた学者が、消費税率引き上げについて（反対とまではいわないにしても）功罪を公平に述べる場面を私も見ました。ただ、あまりにも多勢《たぜい》に無勢《ぶぜい》でした。

では、消費税率引き上げ後の日本経済はどうなるのか――そこに希望がまったくないというわけではありません。

日本は変動相場制の下にあります。変動相場制下では、景気浮揚に財政政策の効果が少ないことは、「マンデル・フレミングの法則」が示しています。財政拡張による高金利が円高を招き、輸出が減り、効果を相殺《そうさい》してしまうのです。

一方、変動相場制下では、金融政策が効果を発揮します。消費税率引き上げが日本経済の足を引っ張ることになったときには、日銀がよりいっそう大胆な金融緩和政策をとることで、危機を切り抜けることができるでしょう。

前イングランド銀行の総裁で、すぐれた経済学者でもあるマービン・キング氏は、二〇一一年のイギリスの消費税率引き上げに賛成しましたが、充分な貨幣拡張をしなかったために批判されました。

また日本では、民主党の野田佳彦《のだよしひこ》氏が首相時代に、厳しい不況が続くなか、金融緩和抜きで消費税率引き上げを試みていましたが、そのまま行われていたら、日本経済は一層の停滞を強いられたでしょう。

安倍総理と日銀の黒田総裁は、彼らと同じ失敗をすることはないと信じています。現にアベノミクスの大胆な金融緩和は、日本経済に劇的な変化をもたらしました。消費税率引き上げによる需要の落ち込みを防ぎ、国民経済を円滑に運営し、歳入増加につなげることができたとき、アベノミクスの評価は、さらに確固たるものになることでしょう。

第二部

TPPが創る
日本を知る

Q クエスチョン
21

ＴＰＰの利点と問題点は何か？

日本の参加が大きな議論を巻き起こしているＴＰＰ――この利点や問題点についてはさまざまな意見があるが、全体像を理解していない人も多い。まずは概要を解説しよう。

関税ゼロ、サービスや投資も自由化

ＴＰＰの正式名称は「Trans-Pacific Partnership」もしくは「Trans-Pacific Strategic Economic Partnership Agreement」。日本語にすると「環太平洋パートナーシップ協定」、あるいは「環太平洋経済連携協定」となります。

これは自由貿易協定（ＦＴＡ）の一種。特定の国や地域との間で関税をゼロにしようとするもので、同時にサービスや投資も自由化していこうという目的があります。原則としてすべての関税を撤廃するのが、従来と違う大きな特徴だといえるでしょう。

ＴＰＰは、まずシンガポール、ブルネイ、チリ、ニュージーランドの四ヵ国でスタートしました。アジア、南米、オセアニアと、太平洋を囲む国々で始まったので、「環太平洋」の名が付けられています。

その後、ＴＰＰには、アメリカ、オーストラリア、ペルー、マレーシア、ベトナムの五ヵ国も交渉参加を進めました。さらにカナダとメキシコも交渉参加を表明しました。アメリカが小国と組むところから始めたのには思惑があるという人もいます。ちなみにＴＰＰは、ＡＰＥＣ（アジア太平洋経済協力会議）のメンバーであれば、どの国でも参加できることになっています。ということは、中国や台湾、韓国も参加することが可能です。

日本では、二〇一〇年一〇月の所信表明演説において、菅直人総理が交渉参加を検討することを表明しました。当初、二〇一一年の六月に参加表明するはずが、同年三月の東日本大震災の影響で遅れることになりました。それでも同年一一月には、野田佳彦総理が、APEC首脳会議の席上で、TPP交渉参加に向けて関係国との協議に入ることを表明しています。この会議で、カナダとメキシコも交渉参加を表明しています。

二〇一三年二月、安倍総理が「聖域なき関税撤廃が前提でないことが明確になった」と発言し、TPP参加を事実上、表明。これにより、日本では再びTPPに関する議論が活発化することとなりました。

TPPに参加しないとどうなる

TPPの大きな特徴は、自由化レベルが高いことです。対象となる分野が幅広く、なおかつ関税は一〇年以内にほぼ一〇〇パーセント撤廃するのが原則。関税が撤廃されるということは、日本のコメなど、これまで関税で守られてきた農産物も例外ではありません。そのことが、日本の農業関係者からの大きな反発を巻き起こした要因です。

一方で、ＴＰＰに参加しなければ、自動車や機械といった日本経済をリードしてきた産業が海外市場で不利になる、という試算もあります。現状を見てみると、シンガポールでは全品目の関税を撤廃。その他の国も、ごく一部の品目以外は関税を撤廃しています。

これまで日本は、一三の国や地域とＦＴＡやＥＰＡ（経済連携協定）を締結してきました。しかし自由化率は八〇パーセント台の協定も多かったのです。

この自由化率とは、一〇年以内に関税を撤廃する品目が占める割合のこと。つまり、これまで日本は常に「例外」を含んだＦＴＡを締結してきたといえるでしょう。

そこで「例外」とされてきたのが、コメ、小麦、乳製品、砂糖といった農産物です。しかしＴＰＰが目指すのは、原則としてほぼ一〇〇パーセントの関税撤廃。日本の農産物も、「例外」ではなくなる可能性が高いということです。

コメをはじめとして、関税のかかっていない安い農産物が外国から入ってきたときに、日本の農業はどうなってしまうのか。壊滅に追い込まれてしまうのではないか。食料の安全性は大丈夫なのか……と、不安の声が大きいのも確かです。

しかしＴＰＰにおいても関税撤廃はあくまで原則であり、目指すのは「ほぼ」一〇〇パーセント。つまり、これまでのＦＴＡほどではないにせよ「例外」は存在するのです。

Q クエスチョン
22

なぜ自由貿易が国民生活を向上させるのか？

「アインシュタインが秘書よりタイプがうまくても、タイプは秘書に任せて物理学に専念したほうがよい」……同様に貿易でも、相対的に有利な財を輸出すれば、利益が生まれる。

現代の国際貿易理論の基本は「比較優位説」

経済学での「比較優位説」が意味するところは、「貿易で利益を挙げるには、絶対的に生産費用が有利な生産物がなくてもよい。ある二つの財を生産する費用の相対比率に差があるときには、相対的に有利な財を生産し、それを輸出することで、貿易が双方の国に利益をもたらす」というものです。

有能な経済学者でも、専門外だとこの「比較優位説」は理解できないことが多く、ノーベル経済学賞受賞者のポール・クルーグマン氏は、「比較優位説」が分からない某歴史学者を、「私の貿易論のクラスでは落第だ」と評したこともあります。

——ここでは「相対的に」ということが重要です。

よく例として挙げられるのは、アルバート・アインシュタインが仮に秘書よりもタイプがうまかったとしても、タイプは秘書に任せて、彼は物理学に専念したほうがよいということです。

それではどうしてコストに差が生まれるかというと、それは、それぞれの国が持っている労働や資本などの生産要素の状態による、というのが国際貿易論の基本とされてきました。

日本は土地が狭いので、工業生産物の生産に比べると、相対的に、土地を多く要する農産品の生産には向いていません。

そこで日本は、比較生産費で有利な工業製品を輸出して農産品を輸入すれば、国際貿易で利益を挙げることができるというのです。

貿易論の中核をつくったリカード

このような「比較優位説（比較生産費説）」を提唱して、貿易論の基礎を築いたのがデビッド・リカードです。

リカードは、イギリスのユダヤ教徒の貿易商の家に生まれましたが、クリスチャンのクエーカー教徒の女性と結婚したために親から勘当《かんどう》されてしまいました。

一七九九年、彼は、夫人の病気療養のために赴《おもむ》いた地で、巡回文庫（circulating library）として回ってきたアダム・スミスの『国富論』（一七七六年刊）に出会うのです。こうしてリカードがスミスの経済学に出会い、その分析的な天才を発揮できるようになり、これが経済学史上で重要な転機となりました。

先達《せんだつ》の大経済学者たちのなかにも、現在でもそのまま経済学の軸となるような知識や定理を生み出した人は、そうはいません。ところが、リカードの「比較優位説」は、いまも貿易論の中核となっているのです。

またリカードは、国債など公債の負担を誰が負うかについても、重要な貢献をしています。それがリカードの「公債の中立命題」です。

政府が何に支出するかによって、国民生活には大きな影響が及びます。この政府支出の調達先について、リカードは、「理想的な状況では、公共支出の大きさが決まっている限り、その財源を税で調達しようが公債で調達しようが、マクロ経済の運行にはなんらの影響も及ぼさない」とし、この論を指して「公債の中立命題」と呼びます。

では、理想的な状況とは何か——財政赤字が存在すると将来の世代が増税で苦しむことを国民が心配し、子や孫のために貯蓄を増やして、財政政策の効果を相殺してしまうという、いってみれば人間社会では当たり前の状況です。

さて、これを消費税増税の論議に当てはめるとどうなるでしょうか——政府の支出で社会保障を行うことが決まっているのならば、それを消費税で調達しようが国債で調達しようが同じ、ということになるのです。

Q クエスチョン
23

日本が参加する本当の意味とは何か？

ＴＰＰ参加反対の根強い声がある一方で、政府はなぜ、参加を推し進めようとしているのか。日本がＴＰＰに参加する意味やメリットについて考えてみよう。

急速に成長するアジア経済を懐に

日本がＴＰＰに参加することには、どのような意味があり、そこにどんなメリットが生まれるのでしょうか。

関税が撤廃されれば、輸出業にとって大きな追い風になるのは間違いありません。農業においては「安価な海外の食品が入ってくれば、日本の農業はどうなるのか」という不安が叫ばれていますが、輸出では逆のことが起きる。関税がなくなって、たとえば日本車の値段が安くなり、海外でさらに売れるようになる可能性が見込めるのです。

ただＴＰＰ参加に当たって、アメリカが日本車に課す関税の引き下げを最大限、将来に延期する点の合意を求めたというニュースもあります。これはアメリカの自動車業界の強い要求によるもの。これでは確かに、ＴＰＰ参加のメリットが薄くなってしまいます。

この動きは、国同士の交渉に個別産業の利益を反映しようとするもので、世界経済のためにはなりません。

もちろん、アメリカはＴＰＰにおいても大きな存在ですが、一方で「参加国の一つ」。見逃せないのは、急成長しているアジア市場なのです。このアジア市場への輸出が活発化すれば、輸出産業にとっては、大きな追い風になることでしょう。

現在、ＴＰＰに参加しているアジアの国にはシンガポールやベトナムなどがありますが、さらに参加国が増える可能性もある。ましてアジアは、今後の経済発展に大きな期待が寄せられています。豊かになっていく国々で、関税なしの値段で日本製の自動車や機械などが販売されれば、日本の輸出企業にとっては強い味方になることは間違いありません。

小売りや公共事業にも大きなチャンスが

もちろんアメリカは世界最大の大国であり、日本が受ける影響も大きい。「アメリカの都合のいいようにされてしまうのではないか」という不安も理解できるのですが、そのためにＴＰＰがもたらすメリットから目を背《そむ》けるのは得策ではないでしょう。

アジアの貿易自由化という点では、アメリカと日本の利害は、むしろ一致します。

また小売業にとっても、状況が好転するチャンスといえるかもしれません。

たとえばベトナムでは、外資の小売業が二店舗以上を出店する際には、厳しい審査が義務付けられてきました。マレーシアも、マレー系企業を優遇する「ブミプトラ政策」を行ってきました。ＴＰＰによって規制が緩和されれば、デパートやコンビニエンス・ストアが、海外に向け、さらに大きく展開していく好機にもなるでしょう。

また公共事業の参入条件が緩和されれば、日本企業にとって大きなビジネスチャンスが広がります。たとえば日本やシンガポールは、公共事業における外国企業の入札を認めています。しかしベトナムやマレーシアでは政府の裁量が大きく、自国企業が優先されてきました。アメリカにも、公共事業に使用する資材をアメリカ製のものにしなければならない条項(バイ・アメリカン条項)がある。鉄道や発電所などのインフラ輸出を後押ししている日本にとっては、公共事業における規制緩和もTPPの大きなメリットなのです。

TPPにおいて政府間で交渉が進められている分野は、最大のテーマである関税撤廃(物品市場アクセス)をはじめとして、二一にものぼります(関税撤廃のなかでも、さらに農業、繊維・衣料品、工業の三分野に分かれています)。

関税撤廃といっても、「原則として」であり「ほぼ一〇〇パーセント」を目指している状態。つまり例外はありますし、それぞれの国で利害が対立します。たとえば、アメリカは過去の二国間FTAで、オーストラリアに対し砂糖やシロップなどを関税撤廃の例外としました。そしてアメリカは、TPPにおいても過去の二国間FTAの内容を見直さない姿勢を示しています。安倍総理のいうように、「聖域」はどの国にもあるということです。

Q クエスチョン
24

なぜ早期参加が必要だったのか？

さまざまな意見があるなか、日本政府は菅総理以降、野田総理、安倍総理とリーダーが替わっても、ＴＰＰ参加を急いできた。そこには、どんな理由があったのだろうか。

輸出の拡大でGDPが三・二兆円アップ

安倍総理は、二〇一三年三月の会見で、TPP参加の意義をこう語っています。

「我が国への経済効果だけにとどまらず、同盟国であるアメリカと新しい経済圏をつくります。いまがラストチャンスです。この機会を逃すということはすなわち、日本が世界のルールづくりから取り残されることにほかなりません」

TPP参加による消費や工業製品の輸出の拡大でGDPが実質三・二兆円増えますが、一方で農林水産業の生産額が三兆円落ち込むという政府の試算もあります。

安倍総理によると、この試算は「関税をすべて即時撤廃し、国内対策は前提としないという、きわめて単純化された仮定での計算によるもの」。実際には「今後の交渉によって、我が国のセンシティブ品目への特別な配慮など、あらゆる努力により、悪影響を最小限にとどめるのは当然のこと」としています。

安倍総理に限らず、民主党時代にも、日本政府はTPP参加を急いできました。その理由を考えてみましょう。まず、そこにあるのは、「時間の壁」です。

TPPの交渉に参加するためには、既に参加している国すべての同意が必要。またアメリカには、新たな交渉参加国を認めるためには、議会で九〇日間以上議論するという「九〇日ルール」も存在します。このために、参加を表明したからといって、すぐにテーブルに着けるわけではなかったのです。そうしているうちにも、参加国のあいだでの話し合いは進んでいってしまう（といっても、決してスピードが早いわけではないのですが）。

WTO交渉を待ち続けることはできない

参加表明から参加までのタイムラグがあるのですから、参加表明が遅れたときのデメリットは大きい。重要なルールづくりに参加することができなくなってしまうからです。

「すでに参加が遅れていたのだから、日本は後発国として、ルールづくりにおいても後手に回っている。それなのになぜ参加しようとしたのか。不利になるばかりではないか」

そういった意見も聞こえますが、一方で参加しなかった場合のデメリットも無視できない。これまで、日本はＷＴＯ（世界貿易機関）での多国間交渉を中心に経済外交を行ってきましたが、アメリカと新興国（中国など）の対立もあってドーハ・ラウンド（多角的通商交渉）が行き詰まりを見せています。ドーハ・ラウンドの前のウルグアイ・ラウンド（多角的貿易交渉）にいたっては、「ラテンアメリカの踊りじゃなかったのか」というジョーク（輪になって踊るダンスを英語でラウンド・ダンスといいます）もあるほどです。

日本の経済、その未来を考えるときに、どんな選択肢があるかといえば、TPPが最大にしてほとんど唯一の道です。もし、農業などへのデメリットを気にして、あるいは交渉における不利を気にしてTPPに参加しなければ、ドーハ・ラウンドの次のWTO交渉まで待たなければならないでしょう。しかし、それはいつ訪れるか分からない……。

TPPは、いうならば「唯一のゲーム」です。現実的には他に選択肢はないといっていい。しかし、TPPに参加することで、TPPのなかでの選択肢は生まれます。

その選択肢をつかむことができるようにするためにも、早期の参加が望まれたというわけです。韓国は二国間経済提携戦略を推進。貿易額全体に占めるFTA対象国の割合は約三五パーセントにのぼります。これは日本の約二倍。このような状況で、もし日本がさらに遅れを取れば、産業の空洞化がいっそう深刻になるかもしれない。そうなれば、アベノミクスの第三の矢である成長戦略もうまく機能しなくなってしまいます。

重要なのは、TPPに参加するか、しないかという選択ではなく、TPPに参加して何を選択するか——まして日本は経済大国ですから、TPPに与える影響も大きい。日本が、たとえばブルネイなどとまったく同じ条件になるというわけではないのです。

Q クエスチョン
25

TPPにおけるアメリカの狙いはそもそも何か?

TPPが大きな話題と議論を呼んだ一因は、アメリカの参加にある。当初は四ヵ国だったTPPにアメリカが参加した本当の理由とは——そこにはどのような狙いがあるのか。

日本の参加で世界経済に占める割合は四割に

ここではTPPを、アメリカを軸に見てみましょう。以前、アメリカが自由貿易協定を始めたときには、基本的に南、つまりラテンアメリカの国々を相手にするという志向がありました。アメリカの衛星国も多く、全体に栄えていたというのが理由でしょう。

一方、西には日本などアジア圏がある。バグワティ氏などは、ワシントンに対して「地域的な広がりを目指すなら南よりも西がいい」といってきました。全体に活力に満ちた場所で、ここを目指さない手はない。インドや中国は、劇的なスピードで成長してきました。

TPPは、いわばアメリカの方向転換でもあります。バラク・オバマ大統領は、アジアからアメリカに輸出するという流れを変え、アメリカからアジアに輸出する量を増加させて、二〇一四年までに輸出を倍増するという政策を掲げています。アジアのパワーをいかに取り込むか——それがアメリカの狙いの一つなのです。

そして、近年は元気がなかったといっても、日本がアジアにおける最重要国であることに変わりはありません。これまでのTPP参加国ではアメリカだけが突出しており、「アメリカとその他の小国」というイメージがありました。が、日本が参加すれば、様相は大きく変わります。日本が加わると、ＴＰＰ参加国が世界経済に占める割合は、三割弱から四割弱に上がる。そうなればＴＰＰ参加地域全体の生産性も上がることになります。

中国に対する防衛網の意味も持つTPP

またＴＰＰへのアメリカの参加を、国防という観点から見ることもできます。ポイントとなるのは中国の存在。中国はアジアのさまざまな場所で領域を広げようとしています。この本のアドバイザー、バグワティ氏の母国であるインドに対しても、国を囲むあらゆる場所に進出しては、そこに軍事基地まで設置しているような状況です。

こうしたやり方に反感を覚えている、あるいは困っている国は多い。ＴＰＰ参加国であるシンガポールやベトナムもそうです。これらの国々にしてみれば、中国のやり方に対抗するためにはアメリカとの連携を強化するのが得策。シンガポールやベトナムにとっては、中国の脅威への対策としてアメリカが必要でした。一方のアメリカにとっては、そんな事情がアジア経済進出へのいいきっかけ、足がかりになる。アメリカのＴＰＰ参加は、アジアの国防とアメリカの経済、二つの利害が一致したという見方もできるのです。

もちろんアメリカは、シンガポールやベトナムだけでなく、日本との関係も重視しています。ＴＰＰに日本が参加することで、通商や投資のチャンスを増やすことができる可能性があるからです。

アジアにおける規制緩和が日本にとってチャンスだということは既に書きましたが、それはアメリカにとっても同じこと。日本の規制緩和によって、アメリカはさまざまな分野で、現在よりも日本に進出しやすくなる。たとえば、牛肉の輸出もその一つでしょう。

またアメリカの自動車メーカーは、日本の安全規制、車検規制が緩和されれば、アメリカ車の日本向け輸出が加速するだろうという期待を抱いているようです。もちろんここには、アメリカが日本国内の需要に見合った自動車を充分に開発できていないという問題もあるのですが……。さらに保険、郵便、宅配などの分野でも、アメリカは日本に進出したがっています。だからこそ、日本では経済の先行きを不安視し、ＴＰＰを批判する動きもある。そこで日本に求められるのは、選択と交渉のタフさです。

バグワティ氏が指摘するように、ＴＰＰには注意すべき点もあります。貿易や投資を活発にする点は評価すべきなのですが、制度の統一や不必要な制約を各国に課する点です。

たとえば、あなたがゴルフ愛好家だったとしましょう。友人にゴルフに誘われ、「その前に教会に寄って行こう」といわれても、仏教徒であるあなたは応じる必要はないのです。

Q クエスチョン

26

TPPとFTAの本質的な違いとは何か？

TPPは、従来のFTAや二国間協定とは、本質的にどのような違いがあるのだろうか。アメリカとの関係はどう変わり、そこで日本に何ができるのか、それを考えてみよう。

アメリカ製カムリが韓国で人気の理由

二国間協定と比べたTPPの長所は、同時進行で多数の国と交渉できることです。

前述のように、日本は自由貿易戦略において韓国に大きく先行された状態です。二〇一二年にはアメリカと韓国の間でFTAが発効し、韓国のアメリカに対する自動車の輸入関税は、八パーセントから四パーセントに引き下げられました。そして、五年目にはゼロになります。

このことで、面白い現象が起こりました。二〇一二年の韓国カー・オブ・ザ・イヤーを、トヨタの「カムリ」が受賞したのです。カムリはトヨタがアメリカで生産しているセダン。現代《ヒュンダイ》をはじめとする韓国の自動車が大きなシェアを獲得しているなかで、日本車の魅力、性能の良さが認められたというわけです。それも日本のメーカーの車が「アメリカ製」として関税が引き下げられ、これまでよりも安く韓国で売られるようになったからこそ。またアメリカでつくられた日本酒も、韓国での売り上げを伸ばしました。

こうした状況下、日本はといえば、FTAの交渉がまったく進んでいません。一方の韓国では、アメリカだけでなく、EUとのFTAも発効しています。いまから二国間協定に力を入れたとしても、やはり韓国のリードは大きい。日本が挽回するのは難しい。そこで複数の国が参加するTPPが重要になるのです。韓国が二国間FTAという「線」をいくつもつくるなか、日本は複数の国と、「面」で貿易自由化を進めようというのです。

中国も関心を寄せるTPP

もちろん、TPP参加国のなかでは、アメリカと日本が突出した大国です。GDPの合計を見ると、その九割以上を日米で占める形になる。「だったら日米FTAでいいではないか、TPPに参加する必要はないはずだ」という批判があるのも確かです。とはいえ、多国間協定のほうが、二国間協定よりも優れた部分が存在します。

TPP参加国のなかには、ベトナムを始め、今後の経済成長が期待される国も多い。アジア太平洋市場を考えた場合、TPPの効果は大きいのです。ともにアジア市場に進出したい日本とアメリカの利害が一致する部分では、交渉も進めやすくなります。

逆に利害が一致しない場合でも、二国間協定では「日本対アメリカ」という真っ向から対立する図式になってしまいますが、TPPでは他の国の事情もありますから、アメリカの要望を一方的に受け入れるということにはなりにくいのです。

日本がＴＰＰに参加することが世界に与える影響は、非常に大きなものがあります。「この流れに乗り遅れるな」と、他国も考えるわけです。カナダとメキシコのＴＰＰ参加は、明らかに日本の参加表明を受けてのもの。また中国も、ＴＰＰに関心を寄せているようです。

習 近平《しゅうきんぺい》国家主席は、首脳会談においてオバマ大統領にＴＰＰの進展について質問、情報提供を依頼しました。ここでもポイントになっているのは、日本なのです。

アメリカに加えて日本も参加することで、ＴＰＰによるアジア太平洋地域の自由貿易圏はさらに大きく、強固なものになります。中国がそこから排除されることのデメリットは大きい。またＥＵと日本の自由貿易協定が取り沙汰され、アメリカとＥＵの「環大西洋貿易投資連携協定（ＴＴＩＰ）」も交渉が始まりますから、中国は世界的な自由貿易協定から孤立してしまうかもしれない。これはかなりの打撃です。

そうすると、中国も、自由貿易協定を他国と結ぼうと努力するでしょう。それはいったん、世界経済のブロック化を招きます。しかし、その後、中国も孤立感を深め、ＴＰＰ参加を望むようになるかもしれません。すると究極的には、世界の自由貿易化が進みます。

そのためにも、「開かれた地域主義」が必要になるのです。

Q クエスチョン
27

ＴＰＰで中国との関係はどうなるのか？

世界最大のマーケットとして注目され続けている中国。日本にとっても最大の貿易相手国だが、ＴＰＰ参加で、その中国との関係はどう変わるのだろうか。

TPPの防衛的な側面とは

ここまで書いてきたように、TPPが中国に与える影響は非常に大きなものがあります。シンガポールやベトナムといった国にとってTPPは、国防の面での「対中国」といった意味もある。TPPを、アメリカと中国の覇権争いとして見ることも可能です。しかし、GDP世界第二位の中国が参加することで、自由貿易圏は最終的な完成を見るといえるのです。もう一つ、バグワティ氏の母国であるインドの参加も重要でしょう。

実際、中国はTPPに関心を寄せているようです。

二〇一三年五月、中国商務省の報道官が、「中国は、慎重な研究と平等・相互利益の原則に基づき、TPPの利点や問題点および参加の可能性について分析する」「交渉に関し、TPP参加国と情報や資料を交換していくことも望んでいる」という談話を発表しました。また、同年六月に行われたオバマ大統領と習近平国家主席の会談でも、TPPに関する情報提供が求められています。

これまで中国は、TPP参加に消極的でした。いまの中国が、すぐに貿易や投資の自由化を行い、また正式な変動相場制を採用することは難しい。こうした自由主義経済は、多様な価値観を前提とするもので、中国における共産党一党独裁とは、どうしても相容《あいい》れないものがあります。

日本のTPP参加で動きだした中国

ではなぜ、中国はTPP参加に対して前向きな姿勢を見せたのでしょうか。

一つの理由として考えられるのは、アメリカに対する「牽制《けんせい》」です。

TPPも含め、貿易交渉というものは、経済的な動機だけで行われるものではありません。TPPにも、シンガポールやベトナムにとっては、中国の進出を阻《はば》むためにアメリカと手を組みたいという事情があります。同じ価値観を共有しているのだということを、そこで示したいわけです。

逆に見れば、中国も尖閣《せんかく》諸島問題や南シナ海の領有権問題を自分のペースで進めたい。アメリカに邪魔されたくないわけです。そのために、アメリカを牽制する必要があり、そこでTPP参加というカードをちらつかせたと考えることができます。

アメリカとしても、GDP世界第二位の中国を取り込み、自由貿易圏をさらに大きなものにしたいという思惑があります。

もちろん、純粋に経済の観点からも、中国はTPPに何らかの対応をする必要があります。中国はこれまで、日中韓のFTAを最初にまとめることを考え、それを東アジア全体に広め、アメリカの影響が及ばない経済圏をつくろうとしていたわけです。

しかし、中国はアジア太平洋地域の一体化を支持するという柔軟な姿勢を持ち始め、TPPへの関心も示すようになりました。「開かれた地域主義」の効果が表れているのです。

ここに大きく関わっているのは、中国とアメリカの関係だけでなく、日本と中国の関係です。日本がTPP参加を表明したことによって、中国は進んでいなかった日本との個別交渉に前向きになっています。

日本がTPPに参加するというのであれば、それをそのまま放っておくわけにはいかない。何か手を打たなければならない。中国としては、そういう思惑もあるわけです。

中国がTPPに参加するのか。あるいは日本がTPPに参加しながらも、日中韓のFTAを同時に進めていくのか。いずれにしても、日本のTPP参加が引き金となって、大きな動きが生まれているのは間違いありません。

日本とアメリカ、日本と中国、アメリカと中国……それぞれが「綱引き」を展開するなかで、日本はどのように動くのかを、世界中が注目しているといってもいいでしょう。

Q クエスチョン
28

韓国がＴＰＰに参加しない本当の理由とは何か？

日本がＴＰＰ参加を表明、中国も関心を示しているなかで、韓国は独自のスタンスを取っている。二国間ＦＴＡを進めてきた韓国の現状、そしてＴＰＰとの関わりは？

FTAを優先する韓国の思惑

二〇一三年六月、韓国は朴槿恵《パククネ》政権での通商政策の指針である「新通商ロードマップ」を発表しました。その方針は、中韓FTAを最優先とするもので、さらに日中韓FTAを進めて「東アジアの地域経済統合の中枢軸になる」ことを柱としています。

すなわち、TPPに関しては「様子見」の姿勢です。

産業通商資源部の崔京林《チェギョンニム》通商次官補は、「交渉の進展状況と我が国の利害関係を検討してから決める」と語っており、当面は交渉参加が見送られるでしょう。韓国は、中国やインドが参加している東アジアの包括的経済連携協定「RCEP」の交渉にも参加しており、アメリカが参加するTPPとRCEPをつなぐ「輪留め」の役割を果たすとしています。

韓国がTPPに対して様子見というスタンスを取っている背景には、FTAがあります。韓国は、以前から、独自に二国間FTAの締結を進めてきました。TPP参加国とも、既に日本以外すべての国とFTAを締結、もしくは交渉中です。FTAの相手国が貿易額に占める割合は、日本の二倍近くにも達します。

つまり、韓国にとって、TPPに参加するメリットはあまりない。GDPに占める外需の比率が八割にも及ぶ韓国は、多数の国と二国間FTAを進めることで、TPPに先んじて、独自の枠組みを構築してきたからです。

そして二〇一三年、朴槿恵政権は、中国との交渉を最優先とする指針を打ち出しました。中韓FTAが締結されれば、アメリカ、EU（欧州連合）、ASEAN（東南アジア諸国連合）と、日本以外の主要貿易相手とのFTA網がほぼ完成します。

韓国は盧武鉉《ノムヒョン》政権時代から、FTAを進めてきました。ただし、財閥系の大企業を中心とした輸出振興策は国内への恩恵が少なく、格差への批判も巻き起こっています。

こうした状況を一九九七年の通貨危機が変えました。IMFと世界銀行の主導で救済を受ける代わりに、市場を開放せざるをえなかったのでしょう。

韓国では大企業が市場を寡占し、国民の豊かさにつながっていません。そして、こうした韓国の姿は、TPP参加後の日本の姿なのではないかとする見方もあります。

日中韓FTAはどうなる

韓国がTPPに対して様子見をしているのは、中国に対する配慮だという見方もできます。いわば政治的なバランスをとっているのです。最近でこそ中国がTPPへの関心を示しましたが、基本的に中国は、日中韓FTAやRCEPを重視しています。アジア太平洋の貿易圏づくりで、アメリカに対抗してきたともいえます。

そんななかで韓国は、経済だけでなく、北朝鮮問題に関しても、中国と連携を取っていく必要があります。北朝鮮に大きな影響力を持つ中国とは、関係を良好に保っておかなくてはいけません。仮にTPPに参加するとしても、それを急いでしまっては、中国を刺激することにもなりかねないのです。

中韓FTAに続いて大きなテーマとなってくるのは、日中韓FTAへの取り組みでしょう。領土や歴史認識などに関して、日本、中国、韓国の関係は厳しいものがありますが、まずは経済や貿易を軸に話し合いが進められようとしています。

領土問題で分かるように、政治ゲームはゼロサムで、協力の余地が少ないのですが、経済ゲームは両国がウィンウィンの関係になることができます。

実際、中国と韓国、ともにFTA交渉に前向きです。上海で行われた二度目の交渉で中国の団長が、「私たちは同じ船に乗り、同じ目的地を目指している」と語ったそうです。

中韓がFTAへの関心を高めるなか、日本は政治経済の多国間ゲームで摩擦を防ぎながら、自国の利益を守り、じょうずにプレーしていかなければならないのです。

Q クエスチョン 29

TPPで日本経済の近未来はどうなるのか?

TPP参加によって、日本にはどのような経済効果があるのか。そのプラスとマイナスを、政府発表の試算から考えてみよう。

安くなる輸入品でGDP三兆円アップ

政府が発表した試算によると、現在TPPに参加している一一ヵ国すべてとの間で関税が撤廃されたとすると、GDPを年間で三・二兆円増やす効果があるとされています。割合でいうと〇・六六パーセント増です。

たとえば、工業製品の輸出が増えることで実質GDPが二・六兆円増加。消費に関しては、安い輸入品によって拡大すると見られ、三兆円のGDP増になるということです。

一方でマイナスもあります。輸入に関しては、海外から安価な農産物が入ってくることなどから、GDPが二・九兆円下がる見込みです。そして全体としての増加額が、三・二兆円となるわけです。

やはり、問題となるのは、農林水産業でしょう。コメや小麦、砂糖といった主要な農林水産物三三品目の関税が撤廃されると、国内生産額七・一兆円のうち三兆円が減少するというのが、試算でも示されています。

安倍総理は、TPPが「聖域なき関税撤廃が前提ではないことが明確になった」として交渉参加を表明しています。つまり、交渉によっては例外もあるということ。「原則として関税撤廃」なのですから、例外があってもおかしくはありません。

もちろん、これまでの二国間協定ほどには、その数は多くないでしょう。過去、日本が一三の国や地域と締結してきたＦＴＡでは、主に農林水産物に関して高い関税を維持してきました。これまで一度も関税を撤廃したことがない品目は九四〇もあります。

ＴＰＰでは、自由化率のパーセンテージは上がらざるをえない。最終的に例外として認められるのは、全体の一パーセントから二パーセントではないかという意見もあります。

ただし、安倍総理もいうように、これはチャンスでもあります。農業の自由化によって生まれるチャンスもある。このことについては、別の項目で説明したいと思います。

ＧＤＰを一〇兆円押し上げるという試算も

一方で、ニューズウィーク誌は、この政府試算が「控えめ」だとしています。そもそも、日本政府の試算の基になった従来の経済モデルは、過小評価を繰り返してきたというのです。アメリカ、カナダ、メキシコ間のＮＡＦＴＡ（北米自由貿易協定）は、日本政府と同様のモデルに基づく試算と比べ、最大五倍の経済効果をもたらすといいます。

この記事によると、別の試算をした場合、日本のＧＤＰは政府試算の三倍、約一〇兆円

（二パーセント）押し上げられるとのこと。ここで指摘されているのは、対日投資の増加によるメリットです。

外国から日本への直接投資残高は、二〇一〇年の数字で見るとGDPの約六パーセント。アメリカの一七パーセント、ヨーロッパの七二パーセント、中国の二二パーセントと比べると低い数字です。TPPによって、外国から日本への直接投資が四〇パーセント増えることもありうると、この記事には書かれています。

また、競争が増えることは生産性の向上をうながし、さまざまな分野での成長が見込めます。関税引き下げだけでなく、他の貿易障壁が撤廃されることの効果もあります。

「そのためには規制立案のプロセスをより透明で一貫したものにして、不必要な規則や政府調達に関する制約や国有企業の特権などをなくしていく必要がある。今後の交渉で詳細を詰めて、そうした方向に進めば、日本を含むすべてのTPP参加国は競争力が高まり、互いの結び付きが強まるだろう」——記事にはそう書かれてもいます。

貿易や投資の自由化に対しては、諸手《もろて》を挙げて賛成します。しかし、バグワティ氏が指摘するように、各国の規制や法制を統一しようとすると問題が生じるという点に、留意しなければなりません。

Q クエスチョン 30

TPPがデフレを呼び戻す危険性はないのか？

TPP反対派の意見として多いのが「海外から安価な商品が流入することでデフレが再来する」というもの——これは実際に起こりうることなのか、検証してみたい。

「値下げ=デフレ」ではない

TPPによって外国から関税のかかっていない安価な商品が輸入されれば、価格競争が激化し、その結果、デフレが再来、また加速してしまう――こうした心配をする人も多いようです。

確かに、これまでは農産物などに高い関税がかけられていましたから、TPPで関税の撤廃(もしくは大幅引き下げ)が実現されれば、外国産の安い食品が店頭に並ぶことでしょう。

ただし、「値下げ=デフレ」という考え方は、いささか早計にも思えます。

この「TPPデフレ論」が前提としているのは、経済状況がいまのままだということではないでしょうか。また、ここでいう「いま」とは、二〇一二年以前、つまりアベノミクスが日本の経済を回復させていく前の時代のことでもあるのです。

――また、世界の経済にも、変化が起こっています。

世界経済における商品価格は、新興国の成長によってインフレ傾向にあります。また日本にも、アベノミクスによって円安・デフレからの脱却という流れが生まれています。

デフレが起こらないメカニズム

ＯＥＣＤ（経済協力開発機構）とＦＡＯ（国連食糧農業機関）が二〇一一年に公表した見通しによれば、世界の農産物価格は、二〇二〇年まで高水準で推移するとされています。特に、トウモロコシなど穀物の上昇率が高い。

ＴＰＰによって一時的に食品の価格が下がったとしても、それが長続きするとは限らないのです。

こうした状況のなかでは、海外から安価な商品（主に食品）が大量に入ってきたとしても、すぐさま「デフレが加速する」ということにはならないのです。

食料品の値段が下がったとすれば、余ったお金はどこに行くのでしょうか。そのまま貯蓄ということも考えられなくはありませんが、日本は徐々に景気がよくなり、いずれ雇用の回復や給与増が目立ってくるはずです。

そういう流れのなかで、食費にかかるお金が少なくて済むようになれば、余ったお金は洋服などの買い物や、旅行などのレジャーに回されるはずです。また、家電や自動車、あるいは不動産を買うためのお金に回るかもしれません。

家計のなかで食費が占める割合はやはり大きいですから、食費が少なくなれば家計の大きな助けになるのは間違いありません。

そして、アベノミクスが証明したことは、物価水準を最終的に決めるのは金融政策だ、ということです。金融緩和が行われていれば、デフレの心配はありません。

TPPで安価な商品が日本に入ってくることは、プラス面のほうが大きい可能性があります。

商品の価格が下落すると企業の利益が減り、賃金の低下や失業者の増加を招きます。そのことで消費も息切れし、購買力も低下していきます。これが典型的なデフレスパイラルですが、TPPとアベノミクスを合わせて考えると、むしろ逆の現象が起こるはずです。日本の企業にとっても、海外から輸入する原材料費の値段が下がれば、それだけ利潤も上がります。利潤の増加は、従業員の賃金上昇につながる。結果、購買力は上がるわけです。もちろん、円安と関税撤廃によって、輸出業は伸びることになります。

基本として理解しておいてほしいのは、日本経済が復活することによって、物価にも上昇圧力がかかるということです。アベノミクスが緩やかなインフレを目指すインフレ・ターゲットを経済政策の軸にしている限り、デフレにはなりません。

Q クエスチョン
31

TPPで中小企業へのメリットはあるのか？

TPPで関税撤廃が実現し、輸出が伸びることになれば、自動車メーカーなど大企業へのプラス面は大きい。数多くの人々が働く中小企業には、どんな影響があるのだろうか。

大企業が好調になれば中小企業も

ＴＰＰによって輸出産業が活発化するのは、ここまでに見てきた通りです。一方で、中小企業や地域に与える懸念を表明する人がいるのも確かです。その代表的な意見を、簡単にまとめてみましょう。

「ほぼすべての関税が撤廃されるということは、中小企業がつくる製品も含まれるということ。農作物と同様、安価な輸入品に押されてしまうのではないか」

「ＴＰＰによって、弁護士事務所や会計事務所、金融サービスなども自由化が迫られる。これまで地方経済を支えてきた共済や信用金庫といった地方金融機関も、海外資本に狙われることになる」

「現在でも、公共事業の発注の際には、一定額を超えると国際入札が義務付けられているが、ＴＰＰでは、この最低価格が、さらに引き下げられる可能性がある。地方の市町村においても、地元企業が海外企業との競争にさらされてしまう。そうなれば、住民の税金が海外に流れていくことになる」

……ＴＰＰのマイナス面を捉えるなら、確かにこうした不安を抱く人も出てくるでしょょう。

しかし同時に、ＴＰＰには、大きなプラス面があります。

ＴＰＰによって、まず恩恵を受けると考えられるのは、自動車や電機など、輸出に力を入れている大企業です。しかし、大企業は「大企業だけ」で成り立っているわけではありません。大企業の傘下《さんか》にある数多くの下請け企業、すなわち中小企業があってこそ成り立っているのです。

自動車メーカーの輸出が好調になれば、大企業に部品などを納入する中小企業の利益も押し上げられることになります。

中小企業の技術力アップも期待できる

また、中小企業による直接輸出も、各国の関税の撤廃によって、新たな局面を迎えることになるかもしれません。

ＴＰＰでは、海外での貿易手続きが簡素化されることが予想されます。通関費用や書類の翻訳にかかっていた費用や人材は、中小企業にとって大きなネックでした。こうしたお金や人材を使えるのは、やはり大企業に限られていましたから、これが改善されれば、中小企業の海外進出にとっても大きな追い風になるはずです。

日本製品の優秀さは、世界中で知られています。関税の撤廃と手続きの簡素化によって、中小企業にも、海外でビジネスを展開するチャンスが広がることになります。

ましてアジアの国々は、これからどんどん成長していき、購買力も上がっていくはずなのですから。

各企業の技術力アップも、TPPでは期待できます。経営技術や生産工程の効率アップなども含め、海外からノウハウや技術が入ってくることで、日本企業にも大きな変化が見られることになると考えられます。

この分野ではアメリカの技術が秀《ひい》でている、この分野では日本に知識の集積がある、また、ある部門ではオーストラリアに一日《いちじつ》の長が……といった具合で、さまざまな国のノウハウが集まることは、決してマイナスではありません。

TPPが目指すのは、アジア太平洋の貿易圏を構築することです。アメリカ企業だけが得をすればいいのではなく、もちろん日本企業だけが守られればいいということでもありません。

TPPでは、参加国全体が豊かになっていくことが理想なのです。

Q クエスチョン
32

TPPは日本農業をどう変えるのか?

TPP参加にあたり、日本では最大の焦点となっている農業。関税撤廃によって外国から安い農産物が輸入され、そのことで日本の農業が大打撃を被《こうむ》るといわれているが……。

コスト削減で消費の増加もある

ＴＰＰ参加によって、日本の農業に大きな影響が出るのは間違いありません。日本は関税に高い税率を設定して海外の農産物をブロックしてきましたから、関税が撤廃されれば国内の農産物は価格競争で負けることになり、打撃を受けることでしょう。

特に関税が高い農産物は、コメ、バター、砂糖など。なかでもコメの税率は七七八パーセントと非常に高い。政府の試算によれば、日本で流通するコメの約三割、金額にして約六五〇〇億円が、アメリカやオーストラリア産のコメに取って代わられるとしています。アメリカやオーストラリア産のコメのなかには、日本の品質に近いものもあるのです。残った七割の国産米、ブランド米など品質の良いものも、価格競争に晒《さら》されれば、値下げを余儀なくされるでしょう。そのことにより、コメの生産額は合計で一兆円あまりも減り、主な農林水産品の合計生産額は三兆円ほど減るという試算もあります。

しかし、関税がすぐに撤廃されるというわけではありません。ＴＰＰの前提が関税の原則撤廃とはいえ、関税がゼロになるまでには時間がかかる。そして関税撤廃までに、日本の農業には、できること、やるべきことも、たくさんあるのです。

まずやるべきは、農業の競争力を高めることでしょう。日本で農業を営む人々の多くは（特にコメ農家は）兼業農家で、その規模はごく小さいのが現状です。農地が小さいから効率も悪い。そのために、大規模な経営をしているアメリカの何倍ものコストがかかってしまうことになる。しかしこれからは、大規模農業によってコストを引き下げ、競争力を高めることが必要になってきます（実際は、すでに、七パーセントの農家が六〇パーセントの生産額をあげているのですが）。

競争力が高まる、つまりコメの値段が下がれば、消費も増えることでしょう。そうなれば生産が増え、食料自給率が上がる可能性もあります。コメを聖域にしてはいけません。

農業を輸出産業に

一方で、日本の農産物の品質の良さにも着目すべきでしょう。日本のブランド米や野菜、高級な果物が、その新鮮さと安全性で中国の富裕層に好評、よく売れています。農業ジャーナリストの浅川《あさかわ》芳裕《よしひろ》氏のいう通り、「日本は世界五位の農業大国」なのです。ここに価格という競争力がプラスされれば、さらに輸出を伸ばすこともできる。やり方しだいでは、ＴＰＰによって日本の農業が新たなチャンスをつかむこともできるのです。

実際、私が日本のＴＰＰ参加を評価するとしたら、その最大のポイントが農業なのです。自由貿易はそれぞれの産業を発展させ、消費者にも大きな利益をもたらすからです。そもそも、日本の農業の問題点は以前から取り沙汰されてきました。農業に従事する人は人口のわずか三パーセントほど。そのうちの大半は六五歳以上の高齢者です。三五歳以下の若者は五パーセントほどしかいません。新規参入も増えていかない。耕作放棄地も広がる一方です。ＴＰＰに参加するにせよしないにせよ、日本の農業が大きな変革を迫られていることには変わりがないのです。

日本は国土が狭いために、農業には向かない国だといわれてきました。だから競争力が弱く、貿易が自由化したら壊滅してしまう。それが常識とされ、そのために高い関税をかけて輸入をブロックし、また関税を元手に補助金を出す。それがこれまでのやり方だったのです。いわば日本の農業（農家）は手助けが絶対に必要な「弱者」だったのです。

手厚く保護されなければ生きていけない弱者に魅力を感じる人はいないでしょう。だから若者が農業に参入せず、産業としてますます弱くなってしまった。しかしＴＰＰ参加を機に、日本の農業がその体質を改善し、国際競争力をともなった「強い産業」になることができるかもしれない。ＴＰＰは、日本の農業にとって大きなチャンスでもあるのです。

Q クエスチョン
33

農家への補助金は何が問題なのか？

これまで、関税と補助金によって手厚く保護されてきた日本の農業——その問題点はどこにあるのか。そしてTPP参加によって、長く続いてきた制度のどこが変わるのだろうか。

コメを保護してきた結果起こったこと

バグワティ氏は、日本米の大ファンだそうです。いわく、他国のパサついたコメはカレーやフライド・ライスには合うが、炊《た》いて食べるのなら、やはり日本のコメが格別にうまい。水分を多く含んだ、粘り気のあるコメは、どんな料理にも合います。

日本のコメの粘り気といえば、バグワティ氏に聞いたこんなジョークがあります。

「日本のコメは粘り気が強いから、日本のコメ問題もなかなか解決しない」

確かに、コメ問題は長く続いています。日本人にとって、コメは特別な食べ物。西洋で「メインディッシュ」というと肉や魚の料理のことですが、日本ではコメを「主食」つまりメインフードと呼んでいます。国のあり方や個々の生活、命、それにアイデンティティといった精神的な部分にまで、コメは関わっているのでしょう。

それゆえ、コメは農業のなかでも特に手厚く保護されてきました。先述したように、コメの関税は農産物のなかでも飛び抜けて高い。その保護のもとで補助金の問題も出ています。保護されてきたがゆえに、自由貿易で外国と競争することになると、とたんに「壊滅の危機」が叫ばれることになるのです。

成長戦略「強い農業」の中身とは

日本では、これまで関税を通じてコメを保護してきました。輸入米に関税をかけ、あえて約八倍も高いコメを買わせる。そこで得る利益を農家への補助金とする。これは消費者から農家への所得移転です。もし関税がなければ、消費者は安い値段で外国の農産物を買うことができるのに、国内の農業を保護するために、それができませんでした。

もちろん、アメリカやEUでも農業の保護は行われています。しかしそれは、関税を手段としたものではありません。消費者から農家への所得移転ではなく、補助金は政府から農家への直接支払いです。

日本でもそうなれば、消費者は安い農産物を買うことができる。それに強い反発があるのは、従来のやり方に既得権が発生しているからです。自由貿易による真っ当な競争ではなく、高い関税がもたらす補助金を当てにする。その権利を失いたくない。TPP参加への批判、「日本農業壊滅論」ともいうべき意見が声高《こわだか》に叫ばれているのは、その根源に、既得権を失いたくないという農業界の抵抗があるのです。

しかし、日本における農業人口はごく少ないものです。小さな産業が、全体のメリットを無視して既得権の確保に動くのはいいこととはいえません。農家と農協が補助金によって保護されるという既得権のために、日本がＴＰＰ参加を躊躇《ちゅうちょ》するのは、筋が通らない話です。必要なのは、こうした既得権に浸かりきった農業を変革していくことであるはずです。

農業への影響を懸念してＴＰＰに入らなかったとしたら、次に日本の農業が変わる機会はいつ訪れるのか分かりません。その意味でも、ＴＰＰ参加は絶好の機会なのです。

安倍総理は、産業競争力会議において、農業を成長分野として位置づけ、産業として伸ばしていく方針を打ち出しました。そこで安倍氏は、こう語ったそうです。

「日本の農業は弱いのではないかという思い込みを変えることが重要だ。大胆な（農業）政策を講じて、若い人たちにとって魅力的な分野にしていく」

また成長戦略の第二弾では、「若者が希望を持って働きたいと思える『強い農業』を作り上げる」とも表明しています。各地に農地集積の中間的な受け皿となる機関を創設し、民間企業にも貸しつけて、生産性を高める。そうして農業全体の所得を一〇年間で倍増させるのが目標だとのことです。

ＴＰＰ参加に向けても、農業を改革するためにも、正しい姿勢だというべきでしょう。

Q クエスチョン 34

TPPで食の安全は低下するのか?

海外から安価な食品が輸入されることで懸念されるのが「食の安全」だ。海外産の安価な食品は、日本人の健康に大きな影響を与えはしないだろうか?

食品の安全基準は各国の独自判断

ＴＰＰで海外の食品、農産物が大量に輸入されると、農薬や添加物、遺伝子組み換え食品などが家庭に入り込み、食の安全が脅かされる――こうした不安は、ＴＰＰの内容と実情を見ていくことで解消されるのではないでしょうか。

現在、各国で食品添加物や残留農薬などの基準は違います。日本は高い基準によって、食の安全を保ってきました。それが、ＴＰＰによって低い基準値に統一されてしまうのではないかというのが不安の根源にあります。

たとえば、日本の食品衛生法で使用できると定められている添加物は、指定添加物、既存添加物、天然香料、一般食物添加物の四種類で、約八〇〇品目。これに対し、アメリカの食品医薬品化粧品法では、安全性と有効性についてＦＤＡ（米食品医薬品局）が認可した約六〇〇品目に加え、ＧＲＡＳ物質（長い食経験から一般に安全と認められる物質）が約一〇〇〇品目。トータルすれば日本の二倍にもなります。

ただし、ＷＴＯ（世界貿易機関）には、各国に食品安全に関する措置を実施する権利を認めるＳＰＳ協定（衛生植物検疫措置の適用に関する協定）を設けています。これは、科学的な根拠に基づいていれば、各国が独自の判断で食品の安全基準を定められるというもの。日本政府は、このSPS協定に基づく権利の行使を妨げる提案を受け入れることはないとしています。またTPP交渉参加に向けた日米合意でも、SPS協定に基づいて交渉を行うことが再確認されています。

基準を消費量抜きで比較するのは無意味

とはいえ、やはりTPPはアメリカ主導というイメージも強く、「いくらSPS協定があるといっても、アメリカ側の『科学的な根拠』を押し付けられてしまうのではないか」という懸念を抱く人もいるでしょう。ここで見逃せないのは、ADIという基準です。

これは、農薬や添加物について、生涯にわたり食べ続けても危険のない、一日当たりの総量のこと。マウスやラットなど二種類以上の動物に農薬や添加物を投与し続けることによって算出されます。この算出方法は世界共通のもので、多少のバラつきが出ることはあっても、各国でほぼ同じになります。

このADIに関して重要なのは、各食品当たりの基準が、その国の消費量に応じて決まるということ。たとえば、コメを例にとってみましょう。近年は消費量が下がっているといっても、コメは日本人の主食です。当然、アメリカよりも一人当たりの消費量は多い。それだけ、ADIの基準も厳しくする必要があります。逆にコメの消費量が少ないアメリカでは、残留農薬が多少、多かったとしても、健康に影響があるとはいえません。

実際、コメに使う農薬、クロルピリホスメチルに関するアメリカの基準は日本より緩いのですが、それはアメリカ政府が国民の食の安全を放棄しているからではなく、コメの消費量が少ないから。つまり、アメリカの基準をそのまま押し付けてくると考えるのは現実的ではありません。食品についての基準を消費量抜きで比較しても意味がないのです。

話題になることが多い遺伝子組み換え食品の表示義務の有無についても、単に「アメリカが押し付けてくる」といったものではありません。表示義務は日本だけにあるものではなく、オーストラリアやニュージーランドも義務づけているもの。TPP交渉でも、アメリカは表示義務に難色を示していましたが、オーストラリアやニュージーランドが義務化に賛成の立場をとってきました。

このように、「日本対アメリカ」という構図だけでなく、他国と連携して交渉できるのもTPPの利点です。実際、アメリカは遺伝子組み換え食品の表示義務を受け入れる方針に転換したようです。これは、TPP交渉全体の進展を重視してのことなのです。

Q クエスチョン
35

TPPで医療はどう変わるのか？

TPPでは、医療も大きなテーマになっている。国民皆保険制度がなくなり、医療が崩壊するという懸念もある。国民の健康と長寿は、TPP参加後も保障されるのだろうか。

国民皆保険制度が崩壊するのか

TPPでアメリカが狙っているのは日本の医療ではないか——そうした懸念がささやかれています。医療が自由化されることで、国民皆保険制度が崩壊することになる、と。医療の自由化によって外国企業の医療が参入してくる。そのことで国内の病院が淘汰《とうた》されてしまう。また混合診療の問題も出てくるのではないか。そう心配されているのです。

混合診療とは、保険が適用される診療と適用されない診療を同時に行えるようにするというもの。現在の日本では、国民皆保険制度があり、すべての国民が公的医療保険（健康保険）に加入し、平等に医療を受けることができます。このことが、長く日本人の健康と長寿を支えてきたともいわれています。

保険適用範囲内であれば、日本では一律三割負担で診療を受けることができますが、仮に混合診療が認められたとすると、保険適用外の診療を受けた場合、保険適用範囲内の診療にも保険の適用が行われず、全額負担しなければならない可能性があるというのです。

しかし日本人のなかにも、たとえば難病に罹《かか》ったとき、保険診療よりも優れた診療を受けたいと考える人がいるでしょう。そこで、混合診療を認めたり、特区をつくって一定地域だけに保険外診療を認める。そうすれば医学の進歩にもつながり、長期的には国民の福祉に寄与します。

これに対して日本医師会などは反発しています。海外の企業が日本の医療に参入し、利潤を第一に求めると、患者が多い病院や儲けの大きい病院だけが生き残ることになる、というのです。

つまり都市部や金持ちは便利になっても、人口の少ない市町村からは病院がどんどんなくなってしまうのではないか、所得が少ない人たちは満足な医療が受けられないのではないか、というわけです。

公的な医療保険制度は適用外

TPPでアメリカが目標に掲げていることの一つは、医薬品の貿易を拡大すること。医薬品の関税撤廃や模倣医薬品の貿易阻止、そして手続きの公平性の強化などです。

「日本の国民皆保険制度は、アメリカによって自由価格の医療市場の拡大を阻害するものとして扱われるのではないか」「アメリカのTPPにおける本当の目的は、国民皆保険制度を崩壊させ、アメリカと同様に民間の医療保険を拡大することではないか」——こうした意見も存在します。

日本政府では、民主党政権時代から、TPPでの国民皆保険制度の扱いについて議論されてきました。自民党の安倍政権になっても、TPPにおける医療の問題は大きな課題になっています。

安倍総理は国民全体のことを考え、弱者保護の側面も重視して、国民皆保険制度の堅持を表明しています。医療分野の利益を経済効果の試算から外すことは、「日本で国民皆保険制度をなくすことはない、これはTPP交渉の対象外だ」ということを、国外、とりわけアメリカにアピールする意味もあると見ていいでしょう。

政府はこれまでも、混合診療の解禁や営利企業の医療参入はTPP交渉の議論の対象になっていないとしてきました。TPP交渉に参加している国同士が、すでに結んでいるFTAでも、公的な医療保険制度は、金融サービス分野の適用外となっています。まして、これまでも日本はアメリカとの二国間協議のなかで、医療におけるアメリカの要求をはねのけてきました。それは、多国間協議であるTPPでも同じこと。

繰り返しますが、他の国との連携によって、さらに交渉がしやすくなる――こうしたTPPの利点も考慮すべきでしょう。

Q クエスチョン 36

ＴＰＰに参加すると外国人労働者が増えるのか？

ヒト、モノ、カネの出入りを自由にしようとするＴＰＰでは、外国人労働者の大量流入も不安視されている。しかしこれは各国共通の問題。全体で考えてみると、答えが見えてくる。

労働者の利益にもなるTPP

日本人が抱くTPPへの不安のなかに外国人労働者の大量流入という問題があります。「労働が自由化されると日本に大量の労働者が流入してくる。その結果として、日本人の失業者が増えるのではないか」「外国人労働者は低賃金でも働くから、日本人の賃金も下がってしまうのではないか」「外国人労働者の目的は、日本で稼いで母国に仕送りをすること。これでは日本国内の消費拡大にはつながらない」

そもそも日本では、外国人労働者に悪いイメージがつきまとっているようでもあります。外国人労働者が増えることで犯罪が増えるのではないか、言語や文化の違いで軋轢《あつれき》が起こるのではないかといったイメージを持っている人が多いかもしれません。

しかしアメリカやヨーロッパのように、移民をうまく活用して経済発展を行っている国々もあります。人口減少が問題になっている日本でも、経済活性化のために、移民政策は有効に働くでしょう。

ただ、日本の歴史を考えると、労働者を増やすためには、まず女性の活用から始めるべきでしょう。社会や文化に大きな衝撃を与える移民政策は、最後の手段として考えるべきです。

また、国際競争が激しい分野で雇用や賃金の規制を緩めることを「労働ダンピング」といいますが、この労働ダンピングが生じないよう、各国でルールをつくることが交渉されています。それによる労働者の生活条件の悪化と失業者の増加は、「TPPによって懸念される」ものではなく、TPP参加国が懸念すべきものなのです。日本の厚生労働省は「TPPは労働者の権利の保護にもつながる」という考えを示しています。

単純労働の移動は議論しない

そもそも、TPPで議論されているのは、ビジネスパーソンの入国・滞在ルールについてです。より詳しく説明すると、貿易や投資などに従事するビジネスパーソンが、商談を目的に短期間滞在することや、現地法人への幹部の派遣や社員の駐在、技術者など専門家の移動について話し合われているのです。

こうした商用関係者、ビジネスパーソンの移動についてはTPPで議論されているものの、単純労働者の移動に関しては議論されていません。

また、医師や弁護士など専門資格の相互認証がなされることで、外国から大量に入ってくるのではないかともいわれていますが、これもTPPでは議論されていません。日本では、医師や弁護士として活動するには、国籍がどこであれ、日本で定められた法律などに従って、資格や免許を取得する必要があります。

TPPで国境を越えるサービスの提供についてルールを定めようとする動きがあるため、医師や弁護士の資格および免許を相互に認め合おうとするのではないかといわれているのですが、これは現在のところ杞憂《きゆう》といっていいでしょう。

全体的に見て、それが医師や弁護士など資格を必要とするものであれ単純労働者であれ、日本に大量に流入し、社会の環境をすぐに激変させてしまうということは考えにくい。むしろTPPへの参加によって、雇用が維持、もしくは創出される可能性もあるのです。つまり、TPPによって貿易や投資が活発になれば、国内企業も収益を増やすことになる。そのことが、国内の雇用を増やすことにもつながるのです。

現状では、TPPに参加している多くの国には、外国人労働者に反対する世論があります。日本政府が、外国人労働者が大量に流入するようなルールの策定に消極的な態度をとっているのも理解できます。

Q クエスチョン
37

ＴＰＰで日本企業は外資に乗っ取られるのか？

ＴＰＰによって、日本企業にも外資が大量に参入してくるのか。また、公共事業や共済制度の開放は？　政府はどのように考え、対応しようとしているのだろうか。

外資が大量参入した韓国のようになるのか

ＴＰＰによって、さまざまな分野がグローバル化することは確実です。そのことで「外資が大量に参入してくる」と心配する人もいます。ＦＴＡによって自由化が進み、大企業の資本の多くが外資になった韓国を「ＴＰＰ参加後の日本の姿だ」とする意見も……。

特に不安視されているのが、公共事業への外国企業の参入です。内需を拡大するはずの公共事業に外国企業が参入してきては、日本経済にとっては意味がない。実際、ＴＰＰでは政府が発注する公共事業のルールづくりもテーマの一つになっています。どの程度まで外国企業の参入を認めるかが議論になっているのです。

ただし、この公共事業や政府調達の分野に関しては、日本ではかなり進んでいるのが現状です。すでにＷＴＯの政府調達協定（ＧＰＡ）に署名しています（一九九五年）。このＧＰＡでは、政府の発注先として外国企業を差別することが原則、禁止されています。

その基準となるのは、中央政府だと六億九〇〇〇万円以上、地方自治体では二三億円以上——この金額を超える公共事業に関しては、海外企業にも入札を認めることにしているのです。

地方自治体の入札額に関しては、日本は例外的な設定をしています。欧米の基準額が七億六五〇〇万円以上ですから、日本の基準は相当に高い。

ＴＰＰでは、この基準額が引き下げられる可能性があります。しかし、ＴＰＰ交渉に参加している国のうち、ＷＴＯ政府調達協定に参加しているのはアメリカ、カナダ、シンガポール、日本の四ヵ国だけ。他の国が、ＷＴＯ以上の水準を目指すかどうかは分かりませんし、むしろその可能性は低いと見るべきでしょう。

つまり現状で、すでに日本は政府調達のかなりの部分を開放しているということです。そして、仮に地方自治体が海外企業に入札を認める額が下がったとしても、額が小さいゆえ、わざわざ参入してくるメリットが少ないことにも変わりがありません。海外企業が狙っているのは国の公共事業であり、地方の建設業界への影響は少ないのではないかという見方が大勢《たいせい》を占めています。

アジアのインフラ整備に参入する好機に

逆に日本企業が、海外の公共事業に参入する機会が増えるということも考えられます。たとえばマレーシアでは「ブミプトラ」と呼ばれる自国優遇政策を行ってきましたが、Ｔ

ＰＰによってこれが緩和されれば、日本企業にもチャンスが生まれます。ましてアジアは発展が進み、鉄道、道路、港湾といったインフラの整備が急速に進んでいます。

ＴＰＰにおける公共事業、そのもう一つのポイントは、「政府」がどこまでの範囲を指すのか、ということです。

中央政府と地方自治体の公共事業を開放しようとしたＷＴＯに対し、ＴＰＰを最初に形成した、ニュージーランド、ブルネイ、チリ、シンガポールによる四ヵ国協定では、開放するのは中央政府のみとされています。

「地方」をどう定義するかというのも問題の一つです。

ＷＴＯ協定においても、日本がすべての都道府県と政令指定都市を開放したのに対し、アメリカは五〇州のうち三七州にとどまっています。

安倍政権の太《おお》田《た》昭宏《あきひろ》国土交通大臣は、二〇一三年四月の記者会見において、ＴＰＰ交渉参加について「地域の建設業界の健全な発展に十分配慮」するとし、「国益にかなう最善の道を追求したい」と発言しています。これは安倍総理の「守るべきものは守る」というスタンスを踏襲《とうしゅう》したもの。ここでもやはり、重要なのは「ＴＰＰに参加するか否か」ではなく「ＴＰＰに参加したうえでどう交渉していくか」でしょう。

Q クエスチョン
38

TPPで日本の強みはどこに発揮されるのか?

TPPに参加したあと、日本がその強みを見せられる分野はどこか、ここで整理してみたい。製造業なのか、サービス産業なのか、はたまた第一次産業なのか……。

商品の認証基準が統一されると

TPP交渉参加を「守り」ではなく「攻め」の観点から考えてみると、どのようなことになるでしょうか。そこから見えてくるのは、日本の強みです。

これまで、日本の経済をリードしてきたのは自動車などの輸出産業でした。ここしばらくは輸出産業の苦戦が伝えられてきましたが、それは中央銀行のデフレ・円高容認政策があったからと見るべきでしょう。自動車や家電製品の海外での売り上げが芳《かんば》しくなく、韓国企業に大きなリードを許したのは、円高とウォン安という背景があったからです。

TPPに参加することによって、日本の高い技術力が、再び見直されることになるのではないでしょうか。

日本の製品がいくら優れているといっても、これまでは輸出することが決して簡単ではありませんでした。たとえばマレーシアでは、商品の認証の基準が不明確だったために、当局からの認証を取得するのに長い時間がかかってきました。またオーストラリアでは、州ごとに独自の自動車の安全基準が定められています。

そうしたバラつきのある基準が、TPPによって見直され、「世界標準」が採用されれば、日本の技術力はさらに活かされることになるでしょう。関税の撤廃によって安価な海外商品が流入してくるという不安もありますが、それは日本製品が安価で（しかし企業の利潤には影響を与えずに）輸出できるようになるということでもあります。

第一次産業においても同じことがいえるはずです。日本の農産物の美味しさ、安全性なども含めたレベルの高さは、世界中で認められています。しかし、それが充分な販売実績につながらなかったのは、関税があるため富裕層にしか行き渡らなかったためです。

これまでは日本も農産物に高い関税をかけていましたから、外国でも高い関税をかけられることが当然でした。しかしTPP参加国の関税がほぼ撤廃されれば、日本の農産物の値段も下がることになるわけです。さらに、アジア各国が成長すれば、購買力も上がります。ということは、ただ「安いから」という理由だけでものを買うわけではなくなる。そういう意味でも、日本の農業の技術力や品質の高さは、大きな強みになることでしょう。

TPPが日本に与える二種類の影響

つまりTPPは、日本に、二つの異なる影響を与えるということができるでしょう。

一つは、従来持っていた強みを、さらに発揮できるようになるということ。TPPはアジアを含む巨大市場を包括した枠組みです。参加することによって、日本は高品質のモノづくり、きめ細かいサービスといった従来の強みを活かし、国境を越えたビジネスをこれまで以上に展開しやすくなるわけです。成長するアジア市場の需要を取り込みたいのは、何もアメリカだけではありません。

もう一つは、これまでは弱みとされていた産業も強みに転換される可能性があるということです。輸入品との競争、あるいは海外への進出に当たって、創意工夫や改革が促進されることになるはず。それがすなわち、「国際競争力をつける」ことにもなります。その代表となる分野が、農業ではないでしょうか。

そしてTPPのなかで力強く、粘り強く交渉していくことは、世界における日本の存在感、リーダーシップ力を高めることにもつながるでしょう。

これまで日本は、常に「交渉がヘタだ」といわれてきました。私自身は、日本人の穏やかで控えめな性格を、むしろ誇りに思ってきました。しかし、それは人付き合いの面であって、国際交渉の場で控えめである必要はありません。

しかし、政府の交渉担当者たちに会ってみると、用意周到、論理明晰《めいせき》、弁説巧みな人たちでした。頼もしいばかりです。

Q クエスチョン 39

TPPで日本が主張すべきことは何か？

TPP交渉において、日本がリードすべき分野は何だろうか。どこで攻めるのか、そして譲れない一線はどこにあるのか——じっくり考えてみよう。

サービス産業が実力を発揮できるように

繰り返しになりますが、日本はあくまでTPPの「交渉に参加」するのです。交渉しだいで、結果は大きく変わりえます。

では、交渉において、日本が力を入れていくべき分野はどこになるでしょうか。

まずはやはり、自動車、電機、機械といった、工業製品の関税撤廃（または削減）でしょう。たとえば、アメリカは乗用車の輸入に関して二・五パーセント、トラックの輸入では二五パーセントの関税をかけていますから、これが撤廃・削減されれば、大きな追い風になることは確実です。

サービスの市場アクセス改善についても、日本は積極的に主張すべきでしょう。日本企業の海外投資や、サービス業の海外進出を進めやすくすることが、ビジネスチャンス拡大につながります。

TPPでは、越境サービス貿易という分野についての議論が行われています。これは、コンビニエンス・ストアやスーパーマーケットの海外進出（国境を越えるサービス）について、どのような規制があるかを明確化し、自由化分野を拡大しようというもの。日本のサービス産業は、そのキメの細かさもあって、国際競争力は高いと考えられます。

海外投資に関しても、特に新興国においては政府がいきなり規制を変更することで、プロジェクトが停止する例も見られました。しかしTPPによって、この点もより明確化、自由化されていくでしょう。

製造業が海外進出を進め、安い人件費を理由にアジアの国々に生産拠点をつくってきたのは、よく知られているところです。一方で、サービス産業の海外展開は、まだまだこれから。TPPの多国間協議によって規制緩和が進み、共通のルールができれば、新興国が一方的に自国を保護するというわけにはいかなくなります。つまり出店規制などのハードルもなくなる（低くなる）わけですから、海外での収益アップも可能でしょう。

税制や環境基準をどこまで世界標準にするか

一方で「守る」分野の筆頭として考えられるのは農業です。

最も大きな問題とされているコメに関しては、品種の違いや品質の高さを考えると、そこまで心配する必要はないかもしれません。良質のカリフォルニア米など例外はありますが、値段が安くなったからといって、日本人がすぐに外国産のコメに「乗り換える」とは考えにくいのです。

逆に、乳製品、小麦、砂糖といった品目に関しては、輸入品の大攻勢があるかもしれません。とはいえ小麦は、既に九割以上が輸入でまかなわれていますから、どこまで影響があるか見極めるのは難しいところです。

もちろん、医療・国民皆保険制度など、譲ってはいけない部分もあります。その点に関しては、安倍総理もいうように「守るべきものは守る」という姿勢が重要。TPPは日本の貿易や投資にとって絶好のゲームですが、そのゲームを一緒にするからといって、違うことにまで付き合う必要はありません。ゴルフクラブに入るのはゴルフをやるためであって、そこの会員と一緒に教会まで行く必要はないというのが、バグワティ氏のアドバイスです。

日本には独自の文化や風土がある。関税撤廃などの自由化によってチャンスが生まれる一方で、これまでの日本の良さまで打ち消してしまっていいというわけではないのです。

税制、法制、環境基準など、どこまで世界共通の尺度《しゃくど》にしていくのか、そして、どうすれば国益にかなうのか……日本はアメリカの要求をすべて呑んでいく、というわけではありません。必要なのは、国民が厳しく見守っていくことです。

Q クエスチョン
40

TPPで日本の社会はどう変わるのか？

TPP参加によって、日本の社会はどう変わっていくのか。またTPP参加国の未来はどうなるのか。「崩壊」あるいは「繁栄」と極端に意見が分かれるなか、客観的に分析してみたい。

中国やインドも注目している

「アジア・太平洋の未来の繁栄を約束する枠組み」——日本がＴＰＰ交渉に参加表明するに当たっての安倍総理の言葉です。ＴＰＰがもたらす結果は、以下のようなものです。

「いま地球表面の三分の一を占め、世界最大の海である太平洋がＴＰＰにより、一つの巨大な経済圏の内海になろうとしています。ＴＰＰ交渉には、太平洋を取り囲む一一ヵ国が参加をしています。ＴＰＰが目指すものは、太平洋を自由に、モノやサービス、投資などが行き交う海とすることです。世界経済の約三分の一を占める大きな経済圏が生まれつつあります」

——この巨大な経済圏づくりに日本も参加しようとしているわけです。

ＴＰＰは、発足当初とは比べものにならないくらい大きなものとなっています。小さな国が四つ集まってできたものから、そこにアメリカが加わり、そして日本も参加することで、世界に大きな影響を与えるものへと成長するでしょう。

最終的には、アジア太平洋自由貿易圏（ＦＴＡＡＰ）の構築の枠組みづくりとしても期待されています。ＴＰＰ交渉が進み、その影響力が高まることで、参加しない不利益が大きくなり、中国も参加を視野に入れるようになるでしょう。

いまや中国は世界第二位の経済大国。この国を引き入れることができれば、アジア太平洋自由貿易圏はさらに巨大なものとなります。中国がＴＰＰの流れと行く末に注目しているのも確かなこと。また、急成長を見せるインドの存在も見逃すわけにはいきません。

アジア太平洋の枠組み全体が変わる

ＴＰＰによって、日本だけでなく、まさにアジア太平洋の枠組み全体が変わろうとしているのです。もう一度、ポイントを整理してみましょう。

①日本にとってのラストチャンス
参加を表明してすぐにテーブルに着けるわけではありません。参加が遅れれば遅れるほど、つかめるチャンスも小さいものになってしまいました。まして、デメリットや交渉における不利を気にしてＴＰＰに参加しなければ、チャンスそのものを失うおそれがありました。

②アメリカのいいなりになるとは限らない
ＴＰＰでは、同時進行で多数の国と交渉することができます。そのことで、自由貿易戦

略で大きく差をつけられた韓国に対し、巻き返しを図ることができる。いまから二国間協定に力を入れたとしても韓国のリードは大きいのですから、TPPが重要になります。多国間協議とは、すなわちアメリカだけの言い分が通るわけではないということ。その力は当然、大きいのですが、アメリカ以外の国と歩調を合わせることで、アメリカに妥協を求めることもできます。逆に、日本とアメリカの利害が一致する分野も、決して少なくありません。

③懸念や不安には必ず対策がある

最も不安視されている農業に関しては、政府も充分に考慮しています。「守るべきものは守る」という安倍総理の言葉のように、日本の交渉力が大きく試される。一方で、TPPは日本の農業の弱い部分を強くし、強い部分は輸出産業に変える契機でもあります。

日本の農業がこのままで良いとは、誰も思っていないでしょう。減反政策や農業人口の高齢化など、変えていかなければならない問題点はたくさんあります。

TPPがもたらす自由化は、日本の農業が国際競争力を付ける良い機会でもあるのです。そして工業製品に限らず、農作物でも、日本の技術力やレベルの高さは、海外でも大きな力を発揮するはずです。

コラム　日本には輸出できる農産物がたくさんある

TPPが日本にもたらすプラスとマイナスについてはさまざまな意見がありますが、そのなかで最も注意しなければいけないのは、「すべてを合わせる必要はない」ということです。バグワティ氏は、私にこんなことをいったことがあります。

「知的財産など、すべてにおいてアメリカの基準に合わせることはない。それはアメリカ国民のためにもならない。法律家やウォール街の利益になるだけだ」

もちろん、貿易や投資に関する合意は必要です。それは日本の弱い産業を強くすることにもつながるでしょう。

製品の貿易では、日本も自由貿易に近い形で自動車などを売り、多くの利益を得てきました。だから、「輸出するときは自由に、輸入するときは関税を」というわけにはいきません。

とりわけ問題になっているコメに関しても、外国のものをある程度の条件で買って、国際分業を進めていかなくてはならないのです。

農業ジャーナリストの浅川芳裕《あさかわよしひろ》氏による『日本は世界5位の農業大国』（講談社）を読んでみると、日本には輸出できる農産物がたくさんあることが分かります。質のよい新鮮な野菜などを世界規模で売れば、かなりの利益を生み出すのではないでしょうか。そう考えると、コメだけを集中して保護することは不自然な状態ですし、農業全体にとってもよくないことだといえます。

東京大学教授の本間正義《ほんままさよし》氏が言うように、ＴＰＰの利益を日本が享受《きょうじゅ》するためにも、「コメを聖域にしてはならない」のです。

そもそも、関税が七七八パーセントもかけられている日本では、世界の基準からすると八倍も高いコメを買わされているという現状があります。

また「見せ米」も問題。日本はコメを例外的に保護しているものの、他国からの要請で最小限の量を輸入することになりました。ここで輸入されるコメの品質は、決して悪くない。ですが、この輸入米を農林水産省が蓄えているうちに、古くなって味が落ちてしまいます。

こうして最後は、味が悪いからと家畜の飼料用に放出する……このようにして、「外国のコメはやはり不味《まず》い。日本人の口には合わない」という昔ながらのイメージが保たれてしまうのです。

安くて美味《おい》しいコメがあるなら買いたいという日本人もいるはず。ですが、こうした過剰保護が、それを妨げているのです。

バグワティ氏がいうように、知的所有権を強く保護しすぎることにも問題があります。そこには弊害《へいがい》も存在しているのです。

知的財産の保護は、基本的には大事なこと。私にしても、自分の著作がコピーされて海賊版になり、アジア諸国で売られてしまうのは困ります。あるところまでは知的財産の保護が必要なのですが、行き過ぎると弊害をもたらすのです。

薬品を例にとってみましょう。新薬を開発した会社や研究者の権利は当然、守られなければなりません。そうしなければ、新たな開発をしようという者は出てこなくなってしまうでしょう。

しかしながら、インドなど薬品が不足している国々においては、伝染病などの特効薬があれば、それを安価に使えるに越したことはありません。それを望まない人間は、世界中どこにもいないはずです。

最近、エイズの特効薬が発見されたという話題が世間を賑《にぎ》わせましたが、開発にかかるお金は相当なものでしょう。特許権を守ることで、そのコストを回収できるようにする、そしてさらに開発を進める、というのが知的財産保護の意味合いです。

しかし一方で、せっかくの薬も、必要としている人々に行き渡らなければ開発した意味がなくなってしまいます。

つまり、発明者のインセンティブを守りながらも貧しい人たちの利用の便宜《べんぎ》も図っていくことが大切になってくるのです。発明のための努力を促しながら、それを実際に使う際にはできるだけ安価にする。そうした矛盾《むじゅん》が、知的財産にはつきまといます。

どこかで妥協する必要があるし、どこで妥協するかをしっかりと見極めなければならない。そこを吟味《ぎんみ》しようとせずにアメリカに従っても、決して世界にとって有益とはいえません。

では、知的財産を最も強い形で保護することを望むのは誰かといえば、アメリカの法律家です。このことからも、アメリカの基準と世界の幸福がイコールでないことが分かります。

またTPPは、アベノミクスの「第三の矢」である成長戦略とも大きな関係があります。

かつての産業政策は、経産省（通産省）の官僚が「よい産業」であると認めたものを育成するというものでした。

以前は、政府にも、成長産業を選択する能力があったように思うのですが、現在は疑問符がついています。すべてが「票のため、当選するため」になってはいないでしょうか。

成長戦略や財政出動を政治家が好むのは、その利益を地元にもたらせば、それが票に結びつくからでしょう。いわば、その地域と政治家のためのお祭りです。もちろんオリンピックのように、国全体のムードを変えることになるお祭りもあるのですが、それは例外的だといっていいでしょう。

政治家が好むのは、票集めのための成長戦略や財政出動というお祭りなのです。役人も、このお祭りによって自分たちの権限が増え、場合によっては天下りのポストも増えるというメリットがあります。

ですが、そうしたことで日本に本当の成長力がつくかといえば、答えはノーです。必要なのは、日本の産業が真の競争力を持つことであり、そのためにしなければならないのは、無駄な規制を省くこと。つまり、規制緩和であり、競争促進なのです。

労働規制の合理化、また移民政策に関しても、その検討は必要になってくるはずです。

そしてもちろん、貿易の自由化が重要です——。

TPPがもたらす自由な貿易が、日本の競争力強化、そして成長につながる——アベノミクスとTPPは、あわせて考えるべきものだといえるのです。

●あとがき——日本経済をボクシングにたとえると

前著『アメリカは日本経済の復活を知っている』を執筆していた頃のことです。スポーツに詳しい私の知人は、日本が円高デフレ不況に喘《あえ》いでいるのに、それを良しとしているような日銀の姿勢を、こんなふうに評していました。

「まるで弱いボクサーみたいですね」

その知人がいうには、弱いボクサーというのは相手のパンチを怖がってしまい、なかなか自分から手を出すことができないそうです。

「ここで自分がパンチを出したら、カウンターの一撃をくらってしまうかもしれない。それなら、このままディフェンスを固めておいたほうがいい……」

しかし、ボクシングは当然、ディフェンスだけで勝てるものではありません。相手のパンチを受け、攻められるがままになっているうちに、いつしかノックアウトされてしまう。日銀はそんな弱気な闘い方をしていたのです。

リフレ政策という有効な「攻撃手段」があるのに、一向にそれを使おうとしない。常識から考えるとまったく外れているリスクのことばかり考えてしまう。日銀のもと、かつての日本は、円高とデフレというパンチを浴び続けたボクサーのようでした。まさにノックアウト寸前だったといえるでしょう。

そんな日本を、安倍晋三総理は勇猛果敢なファイターに変えようとしているのです。日本というボクサーの実力を冷静に見極め、ボクシングのセオリーにのっとって、しっかり闘おうとしています。

とはいえ、日本はまだまだ、体が縮こまっているといえるかもしれません。だから、ストレッチが必要ではあるでしょう。

アベノミクスが順調に成果を出している時期でも、メディアではアベノミクス批判が常に展開されていました。ある記事などは、外食産業などでの給与アップが「値段に転嫁されないだろうか」と不安視していました。

これには、私も苦笑するどころか呆《あき》れるしかありませんでした。給料が上がるのに、それでも心配してしまうとは、どういうことなのでしょうか。

もしかすると、日本人は不安になりたがる民族なのかもしれません。言い方を変えると、奇妙な表現ですが、「不安になることで安心する」気質です。「あんな不安がある、こんなリスクがある」「そのやり方で本当にいいのか」……そういった論評をしないことには、メディアの存在価値がないと考えているのかもしれません。

これはアベノミクスだけでなく、バグワティ氏にアドバイスをいただいたTPPについてもいえることです。

「TPPに参加したら農業が崩壊するのではないか」「中小企業はどうなるのか」「国民皆保険は？」「アメリカの真の狙いは日本経済を乗っ取ることにあるのではないか」……こうした批判的な意見が、ネットを検索するといくらでも出てきます。新聞や雑誌にも「不安」や「懸念」といった言葉が絶えることがありません。

しかし、TPPは、日本にとって大きなチャンスでもあるのです。再びボクサーにたとえるなら、いかにタフに闘うかが重要なのであって、リングに上がらないのでは、そもそも勝つことは不可能なのです。

「日本には交渉力がない」「どうせアメリカのいいなりになるに決まっている」……このようなTPP反対派の意見は、交渉での敗北を前提としたものが多いのが特徴です。

確かに、これまでの日本はそうだったかもしれない。しかし多国間協定は、敵と自分の一対一の闘いではありません。分野によっては援軍がいますし、アメリカと手を組む局面も出てくる。これは決して、無謀な闘いではないのです。

まして、いまの日本のリーダーは、失意のまま第一次政権を失い、臥薪嘗胆《がしんしょうたん》の数年後に返り咲いた安倍総理です。

安倍総理は、農業界などの反対があるのを承知しながら、勇気を持ってTPP交渉にゴーサインを出しました。日銀の反対を押し切って、金融緩和を軸とする経済再生のプログラムを断行、それが成功をおさめています。

いくら総理大臣だからといっても、政治的な風圧を感じることもあるでしょう。また、官僚機構のすべてと闘うのには限界があるかもしれません。しかし、総理就任から一年の成果だけを見ても、基本的な政治理念を貫いていくことはできると期待できます。

現在の自民党政権も、一度は民主党に大敗を喫し、その反省を踏まえて復活してきました。国民の期待を裏切ったらどうなるかを、充分に知っているのです。また、民主党の失敗を、野党として見てもきました。

そんな安倍総理と自民党であれば、TPPというタフな闘いも乗りきれるのではないでしょうか。

さて、私はときどき、「アベノミクスを採点するとどうなるでしょうか」と聞かれます。私は、「それはＡＢＥ（アベ）です」と答えます。その理由は次のとおりです。

現在、日本経済の潜在成長率は、つまり日本の労働力、資本設備、技術等をフルに使って成長できる力は、一パーセントと二パーセントの間にあると考えられます。人口増減率がゼロを下回り、老齢化も進んでいるので、潜在成長率はそう高くはないのです。

しかし問題なのは、リーマン・ショック以降の現実の成長率が、可能な潜在成長率の天井のずっと下にあったということです。リーマン・ショック後の日本は、危機の震源地でないにもかかわらず、英米など震源地よりも大幅な経済成長の凋落《ちょうらく》を経験しました。

が、安倍氏が自民党総裁に選ばれ、金融政策を争点に衆議院議員選挙に打って出た二〇一二年の秋から日本の株価は活況を取り戻し、為替レートも円安の方向に進み出しました。

この動きは、二〇一三年に入ってから半年しか続いていなかったので、もう一歩というところでした。そのため私は消費税の大幅な引き上げに消極的でした。日本経済が十分に実力を発揮できるようになるまで、消費税引き上げを急がなくてもいいと思ったのです。

それにしても、日本経済の成長経路の上昇は頼もしい限りです。アベノミクスの第一の矢が十二分に効いているからです。私は第一の矢（金融緩和）の成果を大いに評価して「Aプラス」の評点を与えたいと思います。

　第二の矢も働いているようですが、「マンデル・フレミングの法則」から見ると、変動相場制下での財政政策の効果はいまひとつですし、また財政支出は財政再建にもマイナスなので、「B」の評点ということにします。

　問題なのは第三の矢、成長戦略。現実の成長率が潜在成長率を超えるようになると、第一の矢はインフレをもたらすだけになりますので、潜在成長率を引き上げる第三の矢が重要になるからです。

　昔の通産省の産業政策、すなわち国が成長産業を選び、補助金を与えて育成し、業界団体をつくって、あわよくばそこに天下り先を確保する――こうしたやり方は、日本が技術のフロントランナーになっている現在、もう通用しません。民間企業の革新のインセンティブに頼るべきです。技術は空から降ってきません。

　そう考えると、第三の矢で重要なことは、政府の介入を排除することだと思います。ジョン・F・ケネディは、「国が君に対して何ができるかを問わず、君が国のため何ができるかを考えよ」といいましたが、第三の矢のためには「政府が何もしないことを問う」のが重要となってくるのです。

規制改革は本質的に困難な課題です。規制の権限を持つことによっていい思いをしている集団から権限を取り上げることですから、それはまるで、侍に自分から鎧《よろい》を脱がせるようなもの……本質的な難しさがあります。

この観点から、第三の矢の実現には不確実な要素が多すぎる。そこで、もちろん「F（落第）」ではないだろうから、「E」の評点を与えることにしました。それが「ABE」と答える私の発想です。

イェール大学コウルス研究所のコーヒー・ルームに飾られた、師、ジェームズ・トービンの写真の前で

本書の内容に対する私とジャグディシュ・バグワティ氏の立場は、氏からの次の手紙に要約されています。彼のアドバイスと友情に、心から感謝の意を表したいと思います。なお氏は、一九九一年から九三年まで、G

ATT事務局長アーサー・ダンケル氏の経済政策顧問でもありました。

〈私をこの本の道案内などと呼ばないでほしい。単に、私との会話で多くのことを学んだ、とだけ述べてもらえればいい。

私はまた、本書が安倍政権のTPP交渉参加を是認《ぜにん》するスタンスについても賛成したい。しかし同時に、現在のTPPの枠組みが、アメリカが小国たるシンガポールやベトナムなどと交渉してできあがったものであることも強調しておきたい。

したがって、日本にとってTPPは、特に農業の貿易自由化に利用すべきではあるが、貿易や国際投資の活性化に関わらない条項に関しては、それが自国の利益になるかどうかをしっかり確認すべきである。

日本は、「オープン・リージョナリズム（開かれた地域主義）」を追求しなければならない。これは、新しいメンバーは貿易や投資の自由化のために参加するが、その際、いま議論されているような非貿易・非投資関連項目にはサインしなくてもよい、という原則である。

そうすることによって、まだ参加していない国、つまり非貿易・非投資関連項目に反対している国の中国やインドなども、TPPに参加できることになるであろう。いや、そうでなければ、日本はアジアの大国として、分断されたアジアに直面せざるを得ないであろう〉

――日本と私に対する最高のアドバイスだと思います。

私がバグワティ氏と初めて会った一九七〇年代中頃のMITは、ポール・サミュエルソン、ロバート・ソロー、フランコ・モディリアーニなどの超一流経済学者をそろえ、そしてバグワティ、ピーター・ダイアモンド、ルディガー・ドーンブッシュなどの若手研究者も集まり、彼らはきら星のように光っていました。

イェール大学のキャンパスで日本経済に思いを馳せる

そこに集う大学院生も、全米

科学財団（ＮＳＦ）トップの奨学金を受け取る人たちでした。

ハーバード大学とＭＩＴのある街、おそらく世界で秀才の密度が最も高いマサチューセッツ州ケンブリッジに住んでいて、息が詰まりそうになることもありました。そういうときに、学問的指導はもとより、学者としての生き方を教えてくれたのが、バグワティ氏でした。

そして家族付き合いも始まると、ＭＩＴでの生活も楽しくなりました。

バグワティ氏の一人娘、アヌラダには、そのころのインド首相、インディラ・ガンディが日本に贈った象にちなんで、「ハナコ」という日本名を贈りました。

そのアヌラダは海軍に入って昇進、将校になりました。

アメリカのＮＨＫ「Ｅテレ」に当たるＰＢＳでは、軍内のセクハラ問題がよく取り上げられます。

不祥事が起こるのも残念ですが、何よりも憤慨《ふんがい》させられるのは、あれだけ女性の地位が高いアメリカでも、軍隊は依然として男社会で、セクハラのような不祥事が起こっても、なかったこととしてもみ消そうとする……そして、起こったことを公言すると、「君の軍での将来はない」と言い渡される……しかも、裁きの場は軍法会議、いってみれば「治外法権」なのです。

アヌラダは、テレビ番組では、訴え出る被害者を見守る立場におり、アメリカ上院・下院の議員たちとも連携して、正義の回復に大わらわです。

そして、バグワティ夫人のパドマ・デサイ。彼女はインドの高カーストに生まれ、ハーバード大学でロシア経済を専攻、いまはコロンビア大学教授として、ロシア経済の権威です。

カースト制度のもとで一度結婚していたため、ジャグディシュと再婚するには、涙なくしては語れない苦難の連続がありました。その過程は、近著『Breaking Out』に描かれています。ただ、いまはとても満ち足りた夫婦です。

この素晴らしい家族がアメリカで私の近くにいてくれたからこそ、本書が完成したといっても過言ではありません。この場を借りて、再び、心から感謝を述べたいと思います。

本書を書き上げる二ヵ月ほど前、真黒なラブラドール犬「ニンジャ」を散歩させていたときのこと。「ニンジャ」が何かに驚いて急に動き、リードを引っ張られた私は、道にたたきつけられてしまいました。この後、八週間にわたり車椅子の生活が続きましたが、幸いにもその間、最終稿を完成することができました。いつもながら回復に全力を尽くしてくれた妻キャロリンに心から感謝します。

日米のスケジュール管理をお願いしている喜友名純子さん、ルイーズ・ダニシェフスキーのお二人にも、この場を借りてお礼を申し上げます。

そして、すばらしい直観力を持つ講談社の編集者・間渕隆さん、構成のお手伝いをしてくださった橋本宗洋さんなしに、本書はできあがらなかったでしょう。ここに、心から感謝の意を表したいと思います。

加えて、アメリカに住んでいる私が、日本の人々がＴＰＰに関して、どのような点に興味を持たれているのかを知るために、次の二冊の本を参考にさせていただきました。『90分解説　ＴＰＰ入門』（日本経済新聞出版社）、『世界一わかりやすい「ＴＰＰ」の授業』（中経出版）――本当に素晴しい本でした。やはり、この場を借りてお礼を申し上げます。

二〇一三年一一月

浜田《はまだ》宏一《こういち》

著者略歴

浜田 宏一（はまだ こういち）

一九三六年、東京都に生まれる。イェール大学名誉教授。経済学博士。国際金融に対するゲーム理論の応用で世界的な業績をあげる。日本のバブル崩壊後の経済停滞については金融政策の失策がその大きな要因と主張、日本銀行の金融政策を批判する。

一九五四年、東京大学法学部に入学し、一九五七年、司法試験第二次試験合格。一九五八年、東京大学経済学部に入学。一九六五年、経済学博士取得（イェール大学）。一九六九年、東京大学経済学部助教授。一九八一年、東京大学経済学部教授。一九八六年、イェール大学経済学部教授。二〇〇一年から二〇〇三年まで、内閣府経済社会総合研究所長を務める。法と経済学会の初代会長。二〇一二年から内閣官房参与。

著書には、ベストセラーになった『アメリカは日本経済の復活を知っている』（講談社）、『経済成長と国際資本移動―資本自由化の経済学』（東洋経済新報社）、『モダン・エコノミックス(15)国際金融』（岩波書店）、『エール大学の書斎から―経済学者の日米体験比較』（NTT出版）などがある。また共著には、『金融政策と銀行行動』『伝説の教授に学べ！ 本当の経済学がわかる本』（以上、東洋経済新報社）などがある。

アベノミクスとTPPが創《つく》る日本《にっぽん》

二〇一三年一一月二五日 第一刷発行

著者――浜田《はまだ》宏一《こういち》

カバー写真――乾 晋也

装幀――鈴木成一デザイン室

発行者――鈴木 哲 **発行所**――株式会社講談社

東京都文京区音羽二丁目一二―二一 郵便番号一一二―八〇〇一

電話 編集〇三―五三九五―三五二二 販売〇三―五三九五―三六二二 業務〇三―五三九五―三六一五

落丁本・乱丁本は購入書店名を明記のうえ、小社業務部あてにお送りください。送料小社負担にてお取り替えします。なお、この本の内容についてのお問い合わせは、生活文化第三出版部あてにお願いいたします。

本文組版――朝日メディアインターナショナル株式会社

印刷所――慶昌堂印刷株式会社 **製本所**――株式会社国宝社

ISBN978-4-06-218623-0

定価はカバーに表示してあります。